「いい人」をやめれば人生はうまくいく

DO NOT PRETEND TO BE A NICE PERSON !
THEN THINGS WILL GET BETTER

午堂登紀雄

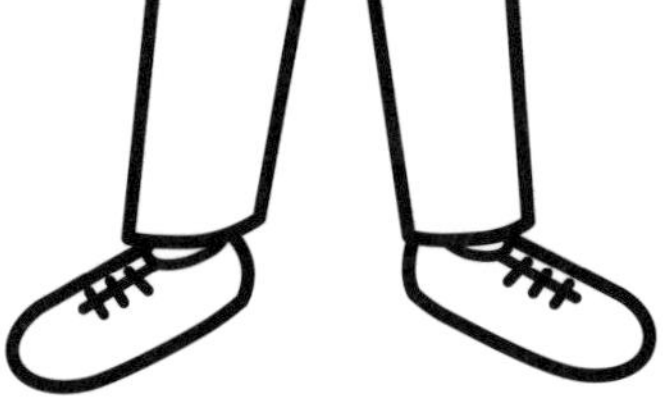

日本実業出版社

「いい人」をやめれば人生はうまくいく――はじめに

本書を手にとったあなたは、きっと「いい人」なのだと思います。

ここで言う**「いい人」とは、他人に嫌われないよう、万人に好かれるように行動する人**です。もちろんそれは誰でも持っている自然な欲求と行動であり、人から嫌われないことは平穏な生活を送るうえでも大切なことです。

しかし、その欲求が強すぎると、逆に自分の人生を追い詰める、損な生き方になってしまいます。

なぜなら、つねに他人の目を意識した生き方になりやすいからです。

他人からどう思われるかが気になり、周りから嫌われたり評価が下がったりするのではないかと恐れ、本当の自分の感情や考えを主張できなくなります。

すると、自分が何をしたいかではなく、どうすれば嫌われないか、変に思われないか、拒否されないか、見放されないか、他人の目を優先して行動してしまいます。

たとえば、自分を抑えてでも相手に合わせようとしたり、愛想笑いをしてその場をとりつくろったり、いやな人とでもつきあったりする、といった行為です。

つまり強すぎるいい人欲求は「他人に嫌われないようにしなければいけない」という強迫観念となって、逆にあなたの人生を息苦しく、そして窮屈《きゅうくつ》にしてしまうのです。

自分の意見や本音を言わず周囲に合わせているだけの人は、何を考えているかわからない人物に映るので、周りの人も本音でぶつかってきてくれません。すると、仲間の中にいてもなぜか疎外感や孤独感を感じたり、「都合のいい人」と映って気安くお願いごとをされたり、「どうでもいい人」と映って軽くあしらわれたりします。

◉いい人をやめれば人生ハッピー

しかし、そんな「いい人」をやめるとどういうことが起こるでしょうか。

まず自分を飾る必要がなくなりますから、他人の目を気にすることによる疲れが軽減されます。

自分を良く見せよう、小物扱いされないようにしよう、羨望《せんぼう》を浴びようとして見栄を張ったりウソをついたり、自己保身の言い訳をしたりしなくて済むようになります。

自分の意見を主張し、イヤなものはイヤ、ダメなものはダメ、ムリなことはムリと言えますから、他人に都合よく利用されることもなくなります。

本音でぶつかれば（もちろん思いやりを持って、ですが）、相手も本音でつきあってくれますから、同性でも異性でも、深い人間関係を築くことができます。本心でつきあった歴史の積み重ねがあれば、ちょっとケンカしてもすぐに仲直りできるようになります。

そして、「自分は自分」というしっかりした自己を確立することで、仮に対人関係でトラブルがあっても、職場やママ友などのグループを抜け出して孤立しても、堂々としていられます。

会社では仕事で実績を出せばいい、友人は少なくても自然体でつきあえる人を大事にすればいい、という良い意味での割り切り感で、自分の生き方はこれでいいんだ、と自信が持てます。

すると**他人に自分の感情を揺さぶられる頻度が減り、日々平穏な気持ちで過ごすことができます。**

これは自分の心の解放を意味し、「人生を幸せに生きる要素のひとつを手に入れた」と同じくらい意味のあることです。

◉心を解放し、自由になるための、オリジナルな方法を編み出していく

私は、自由な生き方を模索しています。おそらく多くの人も自由でありたいと考えているのではないでしょうか。

ではその自由とはいったい何かというと、「物理的自由」と「精神的自由」とで構成されていると私は考えています。

物理的自由とは、「複数の選択肢から選べること」を指します。

たとえば住む場所を選べれば、自然の多い場所、通勤に便利な都会、あるいは海外でも、自分の好みや都合に合わせて住むことができる。買うものを選べれば、値段が高いからあきらめることもなく、どちらか迷ったら両方買うこともできる。

職業を選べれば、自分が最も快適で能力を発揮できる働き方ができる。取引先や友人などつきあう人を選べれば、相性の合う心地よい人とだけ一緒にいられる。スケジュールを選べれば、自分の１日は好きなようにコントロールできる。

これを**実現する方法のひとつは、やはりより多くのお金を稼ぐこと**です。

十分なお金があれば、高い家賃でも払えるし、買いたいものを買える。転職して収入が下がっても一時的に無職になってもしばらくは生きていける。合わない人と無理してつきあう必要はなく、結果として予定も自由に組める。

つまり自由を得るためのひとつの方法は、お金を稼ぐ力を高めることです。そういう意味もあり、私はこれまでもお金に関する書籍をいくつか書いてきました。

そしてもうひとつ、自由になるための大切な要素があります。

それが後者の**「精神的自由」です。これは「自分の感情が、他人からの影響や制約を受けないこと」**を意味します。

他人の存在や言動によって、怒りがこみ上げたり、不安になったり、みじめになったり、葛藤《かっとう》を起こしたりという、自分の感情を揺さぶられることなく、いつもさわやかな気分でいられるということ。言うなれば、「何があってもどんなときでも、いつもゴキゲン」な状態です。

これを実現するには、「あらゆる状況や出来事に対してポジティブな捉え方ができる」という精神構造を持つこと、あるいはそのような精神構造に変えていくことです。

他人が何をしようと、他人が何を言おうと、「別にいいじゃん」「自分は自分」と捉えることができれば、ムカついたりイライラしたりすることもありません。

多くの人が「つらい」と感じることを「平気」と認識できれば、過剰に不安やしんどさを感じることもありません。

そして本書で目指しているのがこうした精神構造の獲得です。

そこでとくに「いい人」が陥りやすい状況やシチュエーションをちょっと極端に切り出し、私なりの解決方法を提案しました。

もちろん私の個人的な見解と方法なので、賛否両論あるかと思います。しかしもし本書を読んで「イラっとした」なら、それはまだまだ他人に揺さぶられる脆弱《ぜいじゃく》な精神構造ということ。

そんな状態を抜け出し、本書が「人生サイコー」「毎日が極楽」という生き方につながるひとつのきっかけになれば、著者として大変うれしく思います。

２０１６年12月

著者　午堂登紀雄

「いい人」をやめれば人生はうまくいく◎もくじ

「いい人」をやめれば人生はうまくいく——はじめに

第1章 人間関係

01 「いい人でいる」のをやめる……014
やめられない人　人間関係が息苦しく、窮屈になる。
やめられた人　自然体でそのままの自分で生きられる。

02 「嫌われることを恐れる」のをやめる……021
やめられない人　気をつかいすぎて疲れる。
やめられた人　無駄なストレスがなくなる。

03 「つくられた人間関係の中で過ごす」のをやめる……029
やめられない人　同調圧力、監視、束縛から抜け出せない。
やめられた人　自分の望む人間関係に恵まれる。

04 「一人ぼっちを恐れる」のをやめる……036
やめられない人　価値観の合わない人とイヤイヤつきあう。
やめられた人　自分の足、自分の力、自分の判断で生きていける。

05 「仲間とつるむ」のをやめる……042
やめられない人　「軽い」「考えが浅い」印象を周囲に与える。
やめられた人　一人でいる時間を自分の内面を磨くことに使える。

第2章 対話

06 「一人では生きていけない」と思うのをやめる……047
やめられない人　必要以上に嫌われることを恐れる。
やめられた人　嫌われることへの怖さがやわらぎ素の自分をさらけ出せる。

07 「自分を犠牲にする」のをやめる……058
やめられない人　自分に不利な状況に追いやられる。
やめられた人　話し合って自力で問題を解決できる。

08 「八方美人」をやめる……061
やめられない人　「無色透明」でスルーされる。
やめられた人　好きな人との出会いに恵まれる。

09 「愛想笑い」をやめる……066
やめられない人　精神的なストレスで、疲れやすい。
やめられた人　「自然な笑顔」で魅力が増す。

10 「断れない」をやめる……070
やめられない人　気をつかって時間やお金を失う。
やめられた人　自分の時間やお金を大切に使える。

11 「反論を我慢する」のをやめる……078
やめられない人　ストレスを溜めて悶々とする。
やめられた人　理不尽な相手には「鉄板フレーズ」で反撃できる。

12 「他人との摩擦を恐れる」のをやめる……086
やめられない人　不満を相手に伝えられず大切な関係を失う。
やめられた人　自分と他人の違いに折り合いをつけ、関係性を深める。

第3章 常識

13 「本音を隠す」のをやめる……091
やめられない人 敵もいないが、味方もいない。
やめられた人 敵もつくるが、信頼できる味方ができる。

14 「他人に追随する」のをやめる……094
やめられない人 他人からの影響を受けやすい。
やめられた人 自分の価値基準や判断に自信が持てる。

15 「気のつかいすぎ」をやめる……098
やめられない人 ストレスを溜めて、老化、病気が進む。
やめられた人 ストレスが減り、若々しく生きられる。

16 「常識人」をやめる……106
やめられない人 「無難路線」で大成できない。
やめられた人 「独自路線」で成功者になれる。

17 「友達が少ないことに悩む」のをやめる……112
やめられない人 表面的な友達ばかりが増え疲れる。
やめられた人 何でも打ち明けられる友達ができる。

18 「世間体を気にする」のをやめる……120
やめられない人 窮屈になる、不幸になる。
やめられた人 「恥ずかしさ」不感症になり、ラクに生きられる。

19 「ルールを守る」のをやめる……126
やめられない人 受け身で自分で問題解決できない。
やめられた人 「不安」に正面から向き合い、自分で「解決策」を考えられる。

20 「道徳的である」のをやめる……………133
やめられない人　他人も許せないが、自分も生きづらくする。
やめられた人　根拠のない思い込みに縛られずのびのびと生きられる。

21 「自分の正義の押し付け」をやめる……………138
やめられない人　自分も周囲も社会も息苦しくする。
やめられた人　「多様性」を認め、イライラしなくなる。

第4章 お金

22 「お金の話を避ける」のをやめる……………146
やめられない人　お金に恵まれない。
やめられた人　お金そのものや知識が寄ってくる。

23 「過小評価」をやめる……………152
やめられない人　自分を安売りしてしまう。
やめられた人　お金、信頼、チャンスを手に入れる。

24 「他人との比較」をやめる……………158
やめられない人　他人に嫉妬する。
やめられた人　打ち込めるものに出会え、上達を実感し、自信を持てる。

25 「友達上司」をやめる……………162
やめられない人　嫌われない代わりに、信頼もされない。
やめられた人　「あなたについていきたい」という評価を得られる。

26 「泣き寝入り」をやめる……………168
やめられない人　割を食う。不利益を被る。
やめられた人　重要な局面で戦うことができる。

27 「白い目を恐れる」のをやめる……178
やめられない人 常識に縛られ行動できない。
やめられた人 自由な発想とチャンスが手に入る。
28 「正直すぎる」のをやめる……185
やめられない人 バカ正直で、相手をがっかりさせる。
やめられた人 ウソを上手に使いこなしチャンスをモノにする。

第5章 恋愛

29 「相手に合わせる」のをやめる……192
やめられない人 尽くしてしまう。服従してしまう。
やめられた人 経済的にも精神的にも自立できる。
30 「感情を隠す」のをやめる……197
やめられない人 好意が伝わらず、不安を感じさせる。
やめられた人 二人の関係をどんどん深められる。
31 「束縛する」のをやめる……203
やめられない人 「重い」と振られてしまう。
やめられた人 お互いに信頼できる、尊重できる関係になる。
32 「感情を抑え込む」のをやめる……209
やめられない人 自分の感情を疑い、長続きしない。
やめられた人 相手と一緒に「ドキドキ」を感じられる。
33 「尽くす」のをやめる……212
やめられない人 重く感じられ相手に飽きられてしまう。
やめられた人 対等な関係を築くことができる。

第6章 再生産

34 **「自分の価値を認めてもらう」のをやめる** …………218
やめられない人　「ずるい異性」にひっかかってしまう。
やめられた人　「誠実な異性」を引き寄せる。

35 **「無理な関係維持」をやめる** …………225
やめられない人　合わない相手ともずるずるつきあう。
やめられた人　修羅場で関係を切り、新しい活路を切り開く。

36 **「いい人の再生産」をやめる** …………230
やめられない人　「いい人」の価値観を子どもにも押し付ける。
やめられた人　自己が確立した子どもになる。

37 **「自分の本音から逃げる」のをやめる** …………236
やめられない人　幼少期のトラウマを引きずり続ける。
やめられた人　新しい思考体系を手に入れられる。

38 **「べき論」に縛られるのをやめる** …………240
やめられない人　思い込みに縛られ思い通りに動けない。
やめられた人　物事を自分に有利な状況に変えられる。

「いい人」から「本当の大人」になるために考えたいこと——おわりに　249

カバーデザイン　中村勝紀（TOKYO LAND）
本文DTP　一企画

第1章

人間関係

01

「いい人でいる」のをやめる

やめられない人

人間関係が息苦しく、窮屈になる。

やめられた人

自然体でそのままの自分で生きられる。

人間関係

「いい人」でありたいと思うのは、人間の自然な感情です。

誰でも、他人からは嫌われたくないし、できるだけ多くの人から好かれたいと思うものです。円滑な人間関係を維持するには、ある程度は自分を抑えたり周りに合わせたりするのも必要なことです。

しかし、それが行きすぎると、人間関係が息苦しく、窮屈《きゅうくつ》になってしまいます。

いい人は誰とでも良好な関係を築きたいと思って振る舞うのですが、自分を押し殺してでも周りに合わせ、自分の本心を隠してつきあうために、逆に誰とも良い関係を築けません。むしろ、当たり障りのない表面的な関係に終始するから、深い関係にもなりません。

なぜなら、**いつも笑って流す人や相槌《あいづち》だけで自分の意見を言わない人、つねに周囲に同調する人は、周囲の人からすれば仮面をかぶっているように映るからです。**

自分はがんばって仲良くしようとしているつもりでも、相手に迎合しているだけなので、本心が届きません。多くの人は「感情を表に出さない人」に対しては興味を抱かず、やがて無関心になります。

無表情の人やポーカーフェイスの人に近寄る人があまりいないのも、何を考えているのかわからず、不気味に感じるからです。
あるいは、嫌われたくないという強い思い込みが、会話をするときの緊張感となって相手に伝わり、相手に重い印象を与えることもあります。

本音でぶつかっていかないと、感情の触れ合いがないので、人間関係も表面的なものになります。「あの人、何を考えているのかわからない」「いい人なんだけどね……」となり、誰の輪にも入れない。形は輪に入っていても、実は自分の殻に閉じこもっているだけで、誰の心にも残らない。印象が残らない人、というのもこういう人です。

さらに、いい人は自己肯定感が低いために、他人からほめられたときに素直に応じられません。自分はほめられるほど価値のある人間ではないと思っているからです。「その服、素敵だね」と言われたとき、「ありがとう」と言うと、何か自分が調子に乗っているようで心苦しい。
相手からも「ちょっとほめたからと言って調子に乗ってる」と思われないかと不安で、「そんなことないよ」と返してしまう。相手の気配りを台無しにして、「せっかくほめても否定される」「ほめがいがない」と、逆につまらない印象を与えます。

つまり、**いい人が「こうすれば嫌われないのではないか、こうすれば好かれるのではないか」と思ってする振る舞いは、実はまったく正反対で、むしろ自分を追い詰めるだけの行為**なのです。

私たちは、生身の自分や本音をぶつけて、相手や周囲の反応があり、それに応じて次からの自分の対応を調整し、現実社会に適応する能力を磨いていきます。

「自分はこう思う」という意見や本音を聞いた相手が、怒ったり笑ったり、喜んだり悲しんだりします。それを見て、次からはどう自分の気持ちを表現すれば相手との関係を修復したり、より深くわかりあったりできるかを学んでいきます。

しかし**自分を出さなければ、本当の自分が他人や社会にどう思われるかの反応が得られません**。だから、自分のどこをどう調整すればよいのかがわからない。すると、自分を出すのが怖くなり、ますます自分を隠すという悪循環となります。

◉私たちは、色鉛筆の1色

本当はもっと自由に振る舞っても大丈夫です。

「いい人」はもともと気配りの達人なのですから、ちょっとくらい自分を出しても、むやみに他人を攻撃さえしなければ、嫌われることはめったにありません。むしろ自分の価値観に合う人が集まってくるはずです。

24色の色鉛筆セットを見たことがあるでしょうか。子どものころ、たくさんある色の種類に興奮したと思います。

その色鉛筆セットを見たときに、これは青みがきついからヘンだとか、これは赤みが弱いから価値が低い、なんてことは感じないでしょう。

つまり、どの色も、その色だからこそ価値があるわけです。

これは人間も同じです。**あの人やこの人とは違う「あなた」という色を持っているからこそ価値がある**のです。

にもかかわらず、「いい人でありたい」「嫌われたくない」と、周りと同調して自分の色を消そうとすると、あなたの魅力まで消えてしまいます。少なくとも、周囲の人にはそう映ります。

「いい人だけど……」という典型的な表現がありますが、これは我慢して周りに合わせて自分を押し殺す人への、大部分の人間が感じる印象なのです。

だから、**自分固有の性格や考え方や価値観を持つあなたは、地球上に70億色ある色鉛筆の1色という貴重な存在**。1色しかない色鉛筆なんて意味がないし、1色しかない世界なんて気持ち悪いでしょう。

だからこそ、「あの人は好き、この人は嫌い」ということも起こるわけですが、そうした感情が自分の世界を形成し、その積み重ねで自分の幸福を築いていくのです。

といっても、「自分を出さなきゃ」「個性的でなきゃ」と無理をする必要もなく、自然体で素のままの自分で生きるのが、あなたの個性を発揮するベースです。

私自身も、経営者になってからは経営者の仲間が、一人ビジネスを追求するようになってからは、やはり同じような仲間ができました。

アグレッシブに稼ごうと思っていれば同じような起業家が集まります。投資も同じスタンスの投資家が集まります。

それは人間関係の変遷も意味し、離れていった人も少なくありませんが、会話がかみあってむしろ楽しいものです。同じような方向を向いているので、本音を出しても受け入れてもらえます。

また、私はつねに合理的・論理的でありたいと思っています。だから、そういう論調が好みの人からは評価され、そうでない人からは「理屈っぽい」「生意気」と敬遠されています。

結局、自分の性格を好きだという人もいれば嫌いだという人もいるわけで、それなら素のままの自分を受け入れてくれる人とだけつきあうのが幸せというものです。

そんな状態を「世界が狭くなってつまらないのではないか」と感じる人もいるかもしれません。でも、**世界の広さを決めるのは、自分自身の視野の広さと、自分とは違うものを受け入れる度量の大きさ**です。

それに気が合う人とだけとつきあうことは、世界が広いか狭いかという次元ではなく、幸せかどうかという次元の話なのですから。

02
「嫌われることを恐れる」のをやめる

やめられない人

気をつかいすぎて疲れる。

やめられた人

無駄なストレスがなくなる。

いい人でいたい人は、人から嫌われるのを恐れ、言いたいことが言えません。たとえば、自分を抑えて我慢し、相手に合わせようとします。お願いされたら断ることもできません。「お先に失礼します」が言えません。会議で自分の意見を発言できません。他人にお願いできず一人で抱え込んでしまいます……。

だから、ストレスが溜まりやすく、息苦しく感じやすいとも言えます。

一方で、そんなことを気にすることなく、自分のことを嫌う人がいても、幸せに生きている人はたくさんいます。

そこから考えると、人から嫌われることそのものが問題なのではなく、「嫌われるという状態」を本人がどう捉えるかという問題のようです。

つまり、**人から嫌われることに対して、「大したことがない」と捉える人と、「恐怖である」と捉える人がいる**ということです。

◉嫌われて困ることを具体的に考えてみる

嫌われることが怖いという人は、嫌われることによって困ることは何か、嫌われることによる被害はいったい何なのか、についてよく考えてみることです。

そのうえで、人から好かれようと努力することによって得られるメリット、デメリットを比較してみるのです。

嫌われることによって困ることは何でしょうか。

おそらく、関係がぎくしゃくして気まずいことが挙げられるでしょう。

しかし、たとえば**職場では結果を出すことが求められていて、あなたが採用されたのも、それを期待されてのことですから、仮に職場で周囲から嫌われていても好かれていても、結果を出せば済むこと**です。

職場の人間関係は、結果が出て儲かっているときのほうが良好です。

あなたがチームや組織や会社の業績に貢献していれば、あなたのことを「いけ好かない」と思う人がいても、問題はありません。むしろ、あなたを頼もしい存在だと感じる人もいるはずで、全員から嫌われるという状況のほうが考えにくいでしょう。

私自身、ある上場企業に勤めていたころ、残業の多い私を批判する同僚がいましたが、それなりに成果を出していたので会社からは評価され、居場所を得ることができました。

業務に邁進《まいしん》して成果を出していれば、職場の人間関係はあまり気にならなくなるものです。

逆に、必要以上に人間関係が気になるのであれば、目の前の仕事に集中できていないせいかもしれません。その場合、周囲との人間関係に気をつかいすぎて疲れるより、そのエネルギーを仕事に使ったほうが生産的というものです。

◉ママ友に嫌われても問題ない

ＰＴＡやママ友といった子ども関係のコミュニティではどうでしょうか。

仮に誰からも誘われない、無視されるといったことが起こっても、子どもがきちんと成長すればよいだけのことです。

そもそも、**ＰＴＡも保護者会も子どものための存在ですから、自分の子どもだけに向き合っていれば、ママ友の人間関係に固執する必要はない**でしょう。

仮にママ友とのつきあいがなくても、無駄にファミレスでのお茶会などがないぶん、自分の時間が手に入り、好きなことができるという意味ではむしろプラスではないでしょうか。あるいは、見栄っ張りのママ友グループがするような、高級ホテルのラウンジでのお茶会に出なくて済むというのも、お金が節約できてメリットです。

情報交換できない？

今はネットでいろんな情報が手に入りますし、自治体主催のママ向けイベントに参加すれば、相談相手がほしいママたちがたくさん集まっています。

子どもがいじめられる？

そもそも親のヒエラルキーと子どもたちのヒエラルキーは異なりますし、子どもは本能的に一緒に遊んで楽しいかどうかで判断しますから、あまり心配する必要はないでしょう。仮に親が「あの子と遊んじゃだめ」などと子どもに吹き込んで、わが子がいじめに遭《あ》ったとしたら、それはもう学校側と協議するレベルの話です。

それができないなら、別のお稽古事やクラブチームなどに所属させて、学校とは違う人間関係による逃げ道をつくってあげることもできます。

「そうまでして？」と思うかもしれませんが、**親の精神状態は子に伝わりますから、健全な子どもの心の発達には、健全な心の親が必要**です。

だからママ友グループで疲れるぐらいなら、そんなものからきっぱり足を洗ったほうが、むしろ子どものためと言えるのではないでしょうか。

近隣コミュニティも同じです。

近所の人から嫌われていても、自分の生活にはなんら影響はありません。日常で利害関係がぶつかるような場面はほとんどないからです。

「田舎だとそうもいかないだろう」「町内会などで接点があるから」と思うかもしれませんが、「あの人はああいう人」という評判も定着しやすいですから、単に声がかからなくなるだけです。

つまり、**仮に周囲の人に嫌われたとしても、実害はほとんどない**ことがわかります。

人から嫌われるのが怖いという人には、「人から嫌われるのは人間として欠陥があるからだ」という思い込みがあるのだと思います。

これもおそらく幼少期からの刷り込みや、世間にあふれる「人間関係至上主義」的な情報に触れて過ごすうちに、こびりついた価値観ではないでしょうか。

嫌われたら人間失格というなら、政治家や芸能人の多くが人間失格ということになりますが、彼らは普通に生きています。

それに、**嫌われてもとくに困ることもなく、むしろ自分に正直に生きているぶん、ストレスの少ない生活を送ることができます。**

◉いい人でいることで得られるメリットは本当か？

たしかに、嫌われなければ敵をつくることもありません。敵をつくらなければ攻撃されることもなく、平穏な生活を送ることができます。これはほとんどの人にとっては大切なことであり、嫌われないメリットでもあります。

ただし、あなたのことを悪く言う人は、たいていくだらない存在です。成熟した大人であれば、ネチネチと他人を攻撃する幼稚な精神性を持っていません。まともな人間は、そんな時間すらもったいないと感じます。

だから、**あなたを悪く言う人は、成功しない人間であり、あなたの人生には不要な存在です**。だから近づかないようにするか単に無視すればよいだけのことです。

私の発言もネット上でよく炎上することがありますし、ツイッターで誹謗《ひぼう》中傷のメッセージが直接来ることもあり、特定の人にはかなりの嫌悪感を持たれていると思います。しかし、そんな人はたいてい日本語の読解力が貧困なだけなので、気になることはありません。そして、無視していれば、相手は飽きて何も言わなくなります。

おそらく本書も、大勢の人からの反感を買うと思います。しかし、他人の著作をあれこれ評論する人に限って、リアル社会では何も価値を出せない人なので、やはり無視するに限ります。

いい人であることのメリットとして、「寂しさを感じなくて済む」という点があるように思えますが、実はむしろより寂しくなるリスクを秘めています。

自分が仲間と思っている人と一緒にいれば、たしかに表面的には寂しくないように見えますし、その場をやり過ごして寂しさをとりつくろうことはできるでしょう。

しかし、それは気をつかって得ているものですから安らぎはなく、むしろ精神的には疲労が蓄積している状態です。そして仲間と離れた瞬間に寂しさが復活する、という繰り返しで、永遠に寂しさが解消されることはありません。

それは、自分が本音でぶつかっていないからです。

寂しいという感情は、自分のことが理解されない、気持ちを共有する相手がいないことによる空虚感などによって起こります。

しかし、いい人を演じれば、本音で語れる仲間ができず、集まっても自分が出せず、無理をして周りに合わせるという気苦労が蓄積していくだけです。

つまり、**「寂しさを感じないためにいい人であろうとする」という行為は、メリットではなく、むしろデメリット**と言えるのではないでしょうか。

03 「つくられた人間関係の中で過ごす」のをやめる

やめられない人

同調圧力、監視、束縛から抜け出せない。

やめられた人

自分の望む人間関係に恵まれる。

友達のグループは、気の合う仲間が自然に集まるというプロセスを通して形成されることが望ましく、そうして自分の価値観に合う人ばかりが集まった集団は心地よいものです。

しかし現実には、偶然そこに集まっただけで、自分の性格や価値観によって自然に形成されたグループは多くありません。

たとえば**学校の同級生も、たまたま同じ時期に同じ地域で生まれ育ち、そのクラスに集まっただけ**です。

職場の同僚も、選んだのは自分ではなく上司や人事部であり、企業の利益を追求するという目的のために集められただけです。

自分が選んだ人間関係ではなく、つくられた人間関係です。もちろんそれがハッピーな出会いを生むこともあれば、そうでない出会いにつながることもあるわけです。

たまたま集められた集団の問題点は、時にお互いを監視・束縛し合おうとする空気が形成される点です。

「暗黙のルール」とも言いますが、それを少しでも逸脱する人が現れたら、全員で攻撃し、迎合させるか排除しようと攻撃してくる場合もあります。

これは、あらゆる年代、集団・組織において起こりうる問題で、企業の不祥事もたいていは組織ぐるみで、ＮＯと言えない雰囲気や、それが当たり前という空気が醸成されていたりするからです。

たとえば、前述のママ友グループなども、集団の同調圧力が非常に強いようです。私がママカースト関連の文献を調べたところによると、ベビーカーや子供服のブランド、ゴールデンウィークや盆暮れ正月の旅行先、お茶会の出欠まで監視され、ご主人の職業や立場で序列ができるというグループもあり、こうしたグループに束縛されて自殺まで考える人もいるそうです……。

◉積極的に手を切るべき人間を定義する

つきあう人を選ぶことは、自分の人生の在り方を選ぶことと同じくらい、とても大切なことです。なぜなら、つきあう相手によっては、あなたの人生が台無しにされることもあるからです。

人間にはいろんなタイプがいて、みんなが善良とは限りません。必ずしもあなたの幸福や成功に貢献してくれるわけでもありません。とくに成功という意味において、あなたに役立つ人はほんの一握り。ほとんどの人は嫉妬であなたの足を引っ張る存在です。

ほかにも、「嘘をつく」「人をだます」「約束を守らない」「相手を思い通りにしようとする」といった人。そんな人にまで愛想を振りまいて関係を維持するのは、自分の労力の無駄遣いであり、一度きりしかない人生の浪費です。

だから、**自分の幸福には寄与しない、「こんな人とはつきあいたくない」という人間を定義し、そんな人に出くわしたら、一目散に逃げて距離を置きましょう。**

家庭と学校しか自分の居場所がない子どもと違い、私たち大人はたくさんのコミュニティの中から選ぶことができるのですから。

それに前述のとおり、少しぐらい他人に嫌われたって、みんな普通に生きています。女性に嫌われていつも炎上している女性タレントだって、自分に好意的な人とのコミュニティがあり、楽しそうにしていますよね。

◉居場所を変える勇気

子どものころは、住む場所を変えるという発想はなかったでしょう。自分で生き方を選ぶという力もなかったでしょう。

しかし**大人になれば、自由に住む場所を選べるし、転職などによって自分の居場所**

を変えることができます。それが大人の特権です。だからこの特権をフル活用しない手はありません。つまり、つきあう相手も住む世界も、不満があるなら自分で選べばよいのです。

にもかかわらず、転職すると給与が下がるから無理とか、引越しにお金がかかるから無理とか、ママ友グループを抜けると子どもがいじめられるから無理とか言うとしたら、それは、決断から逃げているだけ。不満があっても現状維持のほうが楽なだけ。

もし、今の自分を取り巻く人間関係に息が詰まりそうになったら？

もし、いい人を演じ続ける自分を信じられなくなったら？

そんなときは、今の環境をばっさりと切り捨て、新天地へ乗り込むのです。

たとえばネクラだった生徒が、知っている人が誰もいない高校へ進んでハキハキものが言えるようになったとか、いじめを抜け出せたという事例があるように、今までのしがらみがリセットできるので、まったく新しい人間関係の中で、素の自分を出してみるという挑戦ができます。

そして、「それでもうまくいかなかったら、また引越しや転職をすればいいや」というぐらいの割り切りでいいのです。

そんなのできない？

そういう人は、ほかの選択肢よりも、今の環境で我慢しているほうが好きだということです。

たしかに「ここをしのげば、もっとリターンが見込める」というなら我慢のしがいがあるというものですが、事態が好転することのない、明るい未来につながらない我慢に、いったいどういう意味があるのでしょうか。

人生は一度きりしかないのに、他人のために自分を犠牲にして過ごすなんて、それこそ人生の無駄遣い。そしてそれは、幸せになってほしいと願う、あなたの両親の期待を裏切る背信行為です。

年収が下がる？

楽しい毎日になることと比べたら、別に年収が下がるくらい、どうってことはないでしょう。お金はまたがんばって働いて稼げばいいのです。だからまずはその「がんばろう」と思える境遇に身を置くことです。

人生80年、ヘタをすれば90年もあるのですから、目先の数年の年収なんて誤差の範囲です。そんなことで右往左往するのではなく、残りの人生全体でハッピーになる選択を合理的に考えることです。

だから私は、**目先の収入が減ったとしても、月曜の朝にベッドから飛び起きられる職業に就くほうが価値のある生き方**だと考えています。

これは自分の子どもに言い聞かせたいことでもあります。

子どもには学校と家庭という2つの世界しかなく、それを自ら変えたり逃げたりする力がありません。だからいじめなどが起こったときは思いつめやすいと言えます。

そこで親が、「学校だけがすべてじゃない」「どうしようもなくなったら転校したっていいんだ」という逃げ道というか、環境を変える力を持っていることを示すことは、子ども自身が自分らしく素直に生きる勇気づけになるのではないでしょうか。

04

「一人ぼっちを恐れる」のをやめる

やめられない人

価値観の合わない人とイヤイヤつきあう。

やめられた人

自分の足、自分の力、自分の判断で生きていける。

かつて「ぼっち飯」「便所飯」という言葉がメディアをにぎわせたように、「いい人」に多いのが、一人でいることを極度に恐れるという傾向です。

しかし実際のところは、**一人でいることそのものよりも、「一人でいるところを見られる」ことが恐怖**なのです。

なぜかというと、いい人は他人の目を非常に気にするからです。一人でいるところを見られて、「あの人は孤立して気の毒な人間なんじゃないか」「いつも一人でいるあの人は変な人なんじゃないか」「友達がいない寂しい人なんじゃないか」と思われるのではないか、という「自分が勝手につくり出した他人の声」が気になり、その見栄が恐怖を煽《あお》っているわけです。

そしてそれを避けるために、自分があまり好きでない人とでもつるんだり、あるいは価値観の合わないグループでも無理に所属したりします。

無理やり他人と一緒に居ようとすることは、自分の自由にはならないこともあるため、とても疲れる行為のはずですが、一人でいるよりはマシということなのでしょう。

そもそも、一人でいること、一人でいるところを見られることは、そんなに恥ずかしいこと、避けたいことなのでしょうか。

一人でいるからといって別に気の毒な人でもないし、特別に変な人でもないでしょう。変人度で言えば、たぶん私のほうが相当ヘンなはずです。

それに、「あの人、友達がいない寂しい人なんだ」と思われたところで、何か困ったことは起こるでしょうか。現実問題として、何も困ることはありません。


たとえば、一人で焼き肉屋や居酒屋に行っても、周りにいるのは見ず知らずの他人です。交流するわけでもなし、店を出たら顔はもちろん、存在すら忘れてしまう人たちがあなたに対して何を感じようと、あなたには何のメリットもデメリットもない。

他人が攻撃してくるわけでもなし、あなたの財布からお金を奪っていくわけでもなし、あなたの仕事の邪魔をするわけでもないでしょう。

つまり、**本人が勝手に居心地が悪いと感じているだけ**なのです。

一人ではつまらない、寂しいというのは事実かもしれませんが、自分を窮屈にするものの正体は、他人からこう思われるのではないかと気にする自分の心であり、強迫観念です。

◉自分で勝手に恐怖をつくり出している

そしてこれは「一人でいるところを見られるのが怖い」だけにとどまりません。

私たちの**悩みの大半は、「何かの事実や現象・状況」によってもたらされるというより、「自分自身の思い込み」によってもたらされていることがほとんど**です。

たとえばクセ毛で悩むというのも、「他人から笑われるんじゃないか」という自分自身の思い込みです。逆に、「カールがかかっていてカワイイ」と感じる人もいるかもしれません。

そういえば、私も中学生のころ、ニキビに悩んだことがあります。同級生からカッコ悪いと思われるんじゃないか、女子に敬遠されるんじゃないかと思って、気にしていました。

実際に当時の私を見てそう感じる人もいたかもしれませんが、ニキビだらけでも交友関係はなんら変わらなかったし、彼女（というか女友達に毛が生えた程度ですが）ができたこともありました。生徒会の役員にもなったし、部活では主将も務めました。実際には特別悪いことは起きませんでした。

つまり、**不安、悩み、恐怖、怯《おび》えは、実はどこにも存在しないものであり、自分が勝手につくり上げた妄想にすぎない**のです。そして、一般的にはこれを自意識過剰と言います。もっと悪く言えば「誰もあんたのことなんてそんなに見てないよ、この勘違い野郎」でしょうか。

もちろん多感な思春期のころは、まだ自我が確立されておらず、自分の価値観もはっきりとは認識できていません。

そのため人としての価値や評価は、どうしても外見や運動能力、学業成績といったわかりやすい要素で比較されがちですから、他人の目は非常に気になるものです。

しかし、自我が確立している人は、他人といる時間は他人といる時間として、そして一人の時間も一人の時間として平等に扱います。そのため一人でも寂しさを感じないし、一人でも安心していられます。

自分というものがしっかりしている人ほど、むしろ群れることを避け、不必要に他人とつるんだり絡んだりしないものです。

「仲間がいない人は価値がない人」というのもただの思い込みで、一匹狼で成果を出している人はたくさんいます。

だから**自分の足で立ち、自分の力で歩き、自分の判断で生きていいんだ、という自信の根拠を、他人ではなく自分の中に持つ**ことです。

そこでまず、「一人でいるところを見られるのは恥ずかしい」というのは、自分が勝手につくり出した根拠のない不安感情であることに気づくことです。

そしてもうひとつは、次項で紹介するように、「一人でいる時間」は自我を育てるうえで、きわめて大切であると知ることです。

05

「仲間とつるむ」のをやめる

やめられない人

「軽い」「考えが浅い」印象を
周囲に与える。

やめられた人

一人でいる時間を
自分の内面を磨くことに使える。

孤立や孤独を恐れる「いい人」は、いつも友達と一緒にいようとします。そしてそういう人ほど、どこか軽いというか、考えが浅い印象を受けます。

逆に子どもでも学生でも、一人でぽつんとしている人ほど、話すととてもしっかりしていることが多いように感じます。

おそらくこれは、一人で思考する時間の長さに起因しているのではないかと私は考えています。

◉一人の時間が個を強くする

想像力や発想力の源泉は、基本的に個人にあります。

たとえば漫画家、作家、作曲家、画家、書道家、陶芸家など、クリエイティブな職業に就いている人は、たいてい個人です。

自宅やオフィスにこもって黙々と作業したり、あるいは散歩しながら考えたり、一人でいる時間があるからこそ、人の感情を揺さぶるアウトプットが出せるのではないでしょうか。

私自身もこうして原稿を書くのは一人のときですし、投資や事業の調査、ビジネスモデルの検討、企画書の作成なども、基本的には一人のときです。

誰かと一緒にいるときは、自分の仮説を確認する段階、実際にプロジェクトなど物事を動かす段階であって、そこでは考えるよりも行動力が優先されます（もちろん、動きながらも考えますが）。

そうした面だけではありません。

人間が自己を確立するには孤独な時間が必要です。

一人でいれば、自分の生き方や将来設計をじっくり考えることができます。自分の思考を整理することもできます。

たとえば自分はこういう人間になりたい、こういう暮らしがしたい、だからこういうことをしようと考え、調べ、優先順位をつける。

仕事や趣味に没頭するというのも、外界との接触を断って自分一人で取り組むことです。つまり「一人でいる」ことは「思考する」ことでもあります。

また、今日の出来事を振り返り、「ああ、自分はこう感じているんだ」「だけど、こうしないといけないな」「だから明日からはこれをやってみよう」と自分の中で感情を消化し、モチベーションを自己管理します。他人からの刺激よりも、自分で納得し、自分の心の奥底から湧いてくる情熱のほうが、やる気も行動力も強いものです。

あるいは悩みも不安も、本人がより成長するための燃料になります。相手のことを真剣に好きでなければ恋愛で悩まないし、勉強に興味がなければ成績が伸びないことに悩まないでしょう。そして悩みや不安を自分の中で認識し、耐えたり乗り越えたりすることも、一人でやるべき内面の作業です。

そういう意味においても、**一人でいる時間をつくることは、きわめて重要な投資行為だ**と私は考えています。

反対に、他人といるときに、自分の内面を深く掘り下げることは難しいものです。

誰かと会話やメッセージのやりとりをしているときなど、他人に影響されている場面では、本当に自分がやりたいこと、好きなこと、嫌いなこと、したくないことに深く思いを馳《は》せることは難しいでしょう。

たしかに、他人とディスカッションすることで、よりよいアイデア、よりレベルアップした解決方法が見つかったり、勇気づけられたり、気づきを得たりすることはあります。

しかし、**もっと重要なことは、自分自身の物事に対する捉え方や、それに対する感**

じ方を整理したり、レベルアップさせたりすることです。

他人とのかかわりから離れ、一人で自分の心と向き合うときに、自分固有の価値観や在り方が見えてきます。今までの経験をもとに、自分の方向性が整理されます。するると、他人の目に縛られていた自分を解放できます。一人でいてこそ、他人の影響から逃れ、自由に心を模索する世界を手に入れられるのです。一人になって自分の内面と対話するのは、豊かな時間に感じられるようになるでしょう。

ちょっと観念的な話になってしまいましたが、この快感というか、満たされた時間を実感できると、一人でいることが寂しくなくなります。

誰かと一緒でも楽しいけど、一人でも楽しい。孤独や孤立を恐れない、強い自己が育まれます。すると、「ぼっち」を恐れることもなくなり、むしろそのほうが好都合くらいに思えてきます。

06 「一人では生きていけない」と思うのをやめる

やめられない人
必要以上に嫌われることを恐れる。

やめられた人
嫌われることへの怖さがやわらぎ
素の自分をさらけ出せる。

「人間は一人では生きていけない」と言われたら、多くの人は納得すると思います。だからよけいに、「友達礼賛」という価値観がこの世を覆い、人間関係を大事にしない人はダメな人間であると私たちにプレッシャーをかけます。

しかし私は、現代日本ではそれは必ずしも真実ではないように感じています。

◉一人でも生きていけるのが現代日本のすばらしいところ

たしかに、無人島に一人で住んでいれば絶望的になるかもしれません。

あるいはかつてのムラ社会のように、村八分にされれば自分の田んぼへの水流を止められ、死活問題だったのかもしれません。また、不作や飢饉《ききん》なども頻繁に起きていたから、食糧を融通し合うなど近所での助け合いは重要だったのでしょう。

しかし今、「ぼっち」で生きている人はたくさんいます。コンビニに行けば食べ物は手に入るし、ネットがあるからぼっちでも寂しくなく過ごせるし、むしろそのほうが快適だという人も少なくありません。

私の田舎では、高齢者の一人暮らしはとても多く、「あの人は最近見かけないねえ」という噂が立つほど、普段はとくに誰ともかかわらない人は珍しくないのです。

私の知人は株式トレーダーなのですが、「超引きこもり」です。結婚して奥様がいるので完全に一人ではありませんが、どこへも行かず、誰とも会わず、1日数時間、株のトレードをして、あとはのんびり過ごしているようです。

ほかの国、ほかの時代であればできなかったかもしれませんが、**現代日本では、人間は一人でも生きていけます。**「一人では生きてはいけない」なんて思い込みにすぎません。「人は社会的な生物だから、一人では生きていけない」と主張する人は、その人自身に自信がないだけです。

快適な生活ができるかどうかは別として、別に学校に行かなくても、携帯電話がなくても、LINEをやってなくても生きていけます。

それは一人になれ、ということではなく、**「最悪、一人でも大丈夫」と思えることで、人間関係を失うことへの恐怖感がやわらぐ**ということです。すると、本当の自分を出して人とつきあえるようになるからです。

◉差別をしない発想が人間関係を自由にする

これは自分自身の経験からもわかったことです。

私は就職が決まらないまま大学を卒業してフリーターをしていました。

バイトはビル掃除だから、仕事中は他人と会話する必要がありません。どんなに性格が悪くても、仕事をきちんとやっていればバイト代はもらえます。倉庫内での軽作業、仕分け作業なども同じです。

職場の同僚や先輩たちとも、「おはようございます」「おつかれさまでした」だけで完結し、そのほかの時間は誰とも会わず、誰とも話をしない日々。帰りにコンビニ弁当を買い、一人でテレビを見ながら食べる日々を過ごしていました。

そして現在の私も、仕事でのつきあいはありますが、自宅近所での人間関係はほぼ皆無です。自宅兼賃貸マンションを建てるとき、近隣住民の反対があり、快く思われていないからです（引越後、あいさつに行ったときも文句を言われました……）。

そうした状態を私はまったく気にしないのですが、知人の一人から、「地震など自然災害が起きたら助け合いが必要だから、地元の人間関係は重要だ」と言われたことがあります。

しかし私がこうした主張に納得できないのは、普段からの人間関係があるから助け合えて、なければ助け合わないという、いわゆる「ムラ社会」的な発想が根底にあるように感じるからです。

それは、**「電車の優先席なら譲るけど、普通席に座っていれば譲らなくてよい」という発想に似ています。**電車の中で、妊婦や高齢者が、つらそうに立っているときに、「ここは普通席だから譲らない」という発想をするでしょうか。むしろ、すべての座席は優先席だというのが私の考えです。

それと同じく、普段の人間関係が良かろうと悪かろうと、災害などの非常時には誰彼関係なく支援するつもりです。

だからというわけではありませんが、わが家には普段からミネラルウォーターや保存食のストックがたくさんあり、太陽光発電設備を設置し、非常時の電源としても使えるようにしています。簡易トイレや寝袋といった防災セットも完備しています。とくに一般家庭の水の備蓄量では、地元ナンバーワンではないかと思っています。

そうやって、「自分の面倒は自分で見られる。そして、どんなときでも自分から提供できるものを持っていて、非常時には普段の人間関係に関係なく協力する」という自信があれば、日常の近隣の人間関係なんてどうでもよい話です。

とまあ、私の例は極端なのであまり参考にならないかもしれませんが、**「一人でも**

大丈夫」と思えれば、必要以上に嫌われたくないとか、好かれないといけないといった発想からは解放されるのではないでしょうか。

そしてもちろん、一人きりになることはありません。なぜなら、今のあなたがいいという人は、たくさんいるからです。

◉人間関係が苦手な人は、家族中心に生きるという方法もある

賛否両論あるかもしれませんが、自分のことを所属欲求や承認欲求が強いと感じている人、**友達がいないと寂しいという人、でも人間関係づくりが苦手だという人は、お見合いでも何でもよいので早々に結婚して子どもをつくって家族を持ってしまうのもひとつの方法です。**

まず、家族は孤独に対する防波堤となります。家族はよほどのことがない限り、あなたのよき理解者であり、味方だという安心感があるからです。

友達がいなくても、同僚とソリが合わなくても、家に帰れば家族がいて、自分を支えてくれます。

赤の他人である友人知人は、彼ら個人の利害や思惑によってあなたとの関係を変えることもあります。

しかし**家族は、基本的に裏切ることはありません。**あなたが多少ネクラで人づきあいが苦手であっても、ある程度はそれを理解して、運命共同体という覚悟で結婚しているはずなので、「何か話題を探さなきゃ」「相手に合わせなきゃ」と必要以上に気をつかう必要もないでしょう。

そして、「思いやりの気持ちを持って」という前提条件付きですが、自分の感情や欲求を素直に伝えても問題ないことがほとんどです。

これが独身であれば、会社で起こった不平不満などの愚痴を聞いてもらいたいとか、悩みごとを相談したいという場合、誰か聞いてくれる人を探し、その人の都合に合わせなければなりません。

しかし家族がいれば、いつでも話せるし、自分の気持ちに共感してもらえるから、コミュニケーション欲求は家庭内での団らんで満たされます。

そして、子どもができれば子どもの世話に忙しく、むやみに他人とつるんでいる時間はなくなりますから、必要以上に人づきあいに気を配らなくてよくなります。そして周囲もそれに納得せざるをえないでしょう。

もちろん、専業主婦が陥りがちな「子どもと二人っきりで狭い世界に閉じこもり、相談できる人も子育ての悩みを打ち明けられる人もおらず、ウツ寸前」というリスクがないわけではないのですが、気をつかって周りに合わせなくて済むぶん、精神的にはラクだという人もいると思います。

◉仕事に打ち込める幸福

私自身、結婚して子どもができてから、日中はほとんど一人で過ごしていますが、寂しいとか誰かと話したいとか感じることはまったくありません。

たしかに、サラリーマンをしていたころのように、同僚や上司とあれこれ議論しながらプロジェクトを進めるのはそれなりに楽しかった。会社を経営していたころのように、指示を出したり相談を受けたりしながら、みんなで会社を大きくしていこうというエネルギーを共有できる場も楽しかった。

しかし現在は、「一人」のほうが充足感を覚えるようになっています。一人でいろいろ考えながら新しい事業プランをつくり、外注を利用しながらサービスを拡大していく。一人で自分の内面と向き合いながら、こうして文章を練り上げていく。このほうが自分には向いているし、日々が楽しいと感じます。でもそれは、**家族という後ろ盾があるからこそ感じられる幸福感**であって、もし私が「45歳独身・彼女ナシ」だとしたら、こんな境地にはなれなかったと思います。

やはり彼女をつくらなきゃと、あちこち出かけて出会いを探し、女性に声をかけ、メアドを交換し、デートに誘おうとするでしょう。

毎日メールや電話のやりとりをしつつ、しゃれたレストランを探し、気の利いたデートコースを考える。自分の身なりも大事だから、デパートの紳士服売り場に行ってかっこいいと思われそうな服を買う。

これを日常の仕事と並行してやるわけですから、なんと面倒くさいことか……。

でも家族がいれば、服装に気をつかわなくていいし、デートコースを考えなくてもいい。基本は「おうちでご飯」だから、おしゃれなレストランを探す必要もない。そして余計なことを考えず、本当に自分の仕事に打ち込むことができます。

「孤独が好きで自由でいたいなら、むしろ結婚しないほうがいいんじゃないか」と思うかもしれません。

しかし私には、**自分が70歳や80歳になって両親もこの世を去ったあと、妻も子どももいない天涯孤独状態は恐怖**に感じます。生涯独身というのは何か根無し草のようで、自分がこの世に存在しているのかどうかもわからないフワフワした存在に思え、非常に不安になるのです。

もちろん、人の感じ方はそれぞれであり、どういう生き方を選ぶかは個々人の自由です。その判断に正しいも間違いもありません。

ただ私自身は、人間関係に悩みがちな人、孤独に生きたい人、社会で孤立しやすい人ほど、結婚して家族を持ったほうが安心できるのではないかと思っています。

第2章

対話

07

「自分を犠牲にする」のをやめる

やめられない人　自分に不利な状況に追いやられる。

やめられた人　話し合って自力で問題を解決できる。

いい人はなぜいい人でありたいと思うのでしょうか。なぜ、いい人でいるために自己を犠牲にするのでしょうか。

自分を押し殺してまで相手の機嫌をとることを選ぶのは、精神が自立できていないことの表れです。

自己が確立していれば、「これは自分にとっては必要、不要」という判断軸を持つことができます。もちろんその判断は、時には相手と対立することもあるでしょう。

しかしいい人は、その対立は悪いことだと考えています。他人と対立したときに、「相手と自分とは違うから、話し合って解決しよう」という発想がありません。

だから対立を避けたがり、解決方法として相手への迎合を選びがちです。

また、**対立にはエネルギーが必要ですが、いい人は対立を恐れ、対立を避けて生きてきたから、対立を自分の力で解決したという経験がありません。**

その両方があいまって、他人との衝突・摩擦・対立を極度に恐れます。だから「いい人」を演じ、他人に嫌われないよう神経をすり減らし、疲弊します。自分に不利な状況や条件を飲まされるのもこういうタイプです。

◉対立を恐れない姿勢は、自分らしく生きる基盤

しかし自己が確立した人間は、自分は自分という軸を持ち、自分の価値を肯定しています。もちろん他人との対立を避ける努力はするものの、自己犠牲的に生きることはありません。そのため、自分が極端に不利になる場合は、主張する、交渉するといった行為を通じて自分の意思を主張し、どうしても相容れない場合は離別を選ぶこともあります。そしてそれはいけないことではなく、一人ひとりが違う人間である以上、やむをえないことであるという認識を持っています。

そうやって他人との対立を必要以上に恐れなければ、「無理をしないで、もっと自分を出して人とつきあえばいい」という良い意味での割り切りができ、人間関係がラクになります。それはつまり生きるのがラクになるということです。

とはいえ、明日から突然自己主張が強くなるということがないように、自己主張して対立する、嫌われる、それらを解決するという経験が必要です。その経験を通じて精神的に自立します。

自立すれば、自分らしく生きることができ、より個性を発揮でき、自分という価値をもっと伸ばせるようになる。

いい人からの脱却は、あなたの人生をより楽しく、幸福にさせてくれるのです。

08

「八方美人」をやめる

やめられない人

「無色透明」でスルーされる。

やめられた人

好きな人との出会いに恵まれる。

いい人には「人から嫌われるのが死ぬほど怖い」「みんなから好かれないと自分の価値はない」という思い込みがあります。

たしかに、自分にメリットがある人には嫌われないようにする必要があるかもしれませんが、周囲の人全員である必要はありません。

現実には、どんなにすばらしい人、素敵な人だと思っても、万人に好かれる人は存在しないのです。えてして「完璧すぎて嫌い」と思う人もいるものです。

著名人はなぜ著名人たりうるかというと、個性を表現しているからです。

たとえば元ライブドア社長の堀江貴文氏、経済評論家の勝間和代氏なども、「彼らしい」発言をしているからこそファンがつく。しかし一方で、彼らの発言を嫌う人もいて、それがアンチになるわけです。

あるいは同じ発言をしても、人によって感じ方は異なります。

たとえば「あ〜、今日も暑いね」と言ったとき、「本当だね」と共感を示してくれる人もいれば、「よけい暑くなるから言わないでくれる?」と不快感を示す人もいます。

あるいは、北国の出身者であれば、「死んじゃうよ」と言うかもしれないし、南国出身者であれば、「え？　そうでもないよ」と言うかもしれません。

異性とのつきあい方でも、「どこか行きたいところはある？　何が食べたい？」と聞いてくる男性のことを、「優しい。自分のことを思いやってくれている」と感じる女性もいれば、反対に「物足りない。もっとぐいぐい引っ張ってほしい」と感じる女性もいます。そしてそれは時と場合によっても変わるでしょう。

こんなふうに、**誰からも嫌われない（好かれる）ようにするのがいかに困難か、いや不可能かがわかります。**

前述した色鉛筆の話のとおり、人は結局、「この色が好き」「この色は嫌い」というのと同じレベルで他人を評価しますから、色があれば好きな人も嫌いな人も現れるということです。逆に、周りに合わせて自分の主張をしないということは無色透明ですから、嫌われない代わりに好かれもしない。それどころか、存在を認めてもらえずスルーされるだけです。

だから、**自分を嫌いな人がいるというのは、自分の意志で生きているという証拠**なのです。

◉人間関係地図を描く

それでも、嫌われるのが怖いという場合、家系図ならぬ自分の「人間関係地図」を描いてみることです。

ノートの中心に自分の名前を書き、今の自分に関係している人の名前を配置していきます。そして、苦手だと感じている人の名前の横に、その人とつきあうことによるメリットと距離を置くことによるデメリットを書きます。

次に、自分が好感を持っているとか、普通の感情を持っている人の名前を書き、同じようにその人とつきあうことによるメリットと距離を置くことによるデメリットを書きます。

そして、苦手な人とつきあうことによるメリットを、ほかの人で代替できないかどうかを探します。次に、苦手な人とつきあうことによるデメリットを吸収してくれる人はいないかを探します。

もちろん、一人で全部カバーはできないでしょうから、こっちはあの人、そっちはこの人、というふうに、複数人で補えれば大丈夫です。

すると意外に、苦手な相手とつきあうことをやめても、ほかの人間関係の中で十分フォローできそうだ、と感じてこないでしょうか。あるいは不十分であっても、これなら関係を切っても大勢に影響はなさそうだ、と思えてこないでしょうか。

「人間関係のすべてを損得で判断するのは寂しい考え方だ」と感じる人もいるかもしれません。では、その「寂しさ」と、あなたがこれからも積み重ねるであろう「気苦労」とを天秤にかけたとき、どちらを重視したほうが、あなたの幸せに貢献するでしょうか。

また、あなたが今の人間関係を維持しようと時間を使えば、新しい出会いのための時間や、もっと関係を深めたい人と接する時間がなくなります。

そもそも日本人の大人（20歳から59歳）だけでも約6000万人。毎日1人の新しい人に出会っても16万4000年もかかるほど人はたくさんいるのです。目の前のいやな人たちと関係を切っても、新しい出会いはいくらでもつくることができます。

そう考えれば、気疲れしながら既存の関係を維持することに時間を使うことと、もっと自分が輝ける新しい人との出会いに時間を使うことと、いったいどちらが有意義な人生につながるかがわかると思います。

09

「愛想笑い」をやめる

やめられない人

精神的なストレスで、疲れやすい。

やめられた人

「自然な笑顔」で魅力が増す。

自分の感情とは違う表現をすることを「感情労働」と呼びますが、これは自分が思っている以上に精神的なストレスを抱える原因となります。楽しくもないのに、周りに合わせて楽しそうにする。疲れて人と話す気分ではないのに、明るく振る舞わないといけない。恋人に振られた、離婚した、親が亡くなったなど、つらいことがあったばかりなのに、笑顔で接客……。

仕事であればやむをえないでしょうし、一人だけブスっとするわけにもいかない場合もあるでしょう。また、感情を安易に表情に出すと、いろいろ問題が起こる場合もあります。

しかし、やはり限度というものがあります。とくにいい人ほど、つねに周りに気をつかい、愛想笑いをして、家に帰ってからどっと疲れが出る傾向があります。

たとえば芸人も、プライベートではむすっとしている人は少なくないそうで、テレビの中でハイテンションを演じるには、ネクラになってエネルギーをためておく必要があるということなのかもしれません。

「人と会うと疲れる」という人は、やはりそれなりに緊張を感じ、神経をすり減らしながら人と接しているということですから、無理は禁物です。

そこで、そういう人は、**「人と会う日とまったく合わない日」を明確に区切るスケジューリングをしてみる**のはいかがでしょうか。

新しい人と会うと精神が高ぶりますから、その緊張状態のままいろいろな人との面会や面談をこなす。そして次の日は、オフィスにこもってデスクワークなどクールダウンにあてる、という感じです。

もちろん、仕事の性質もあってそう簡単にはできない人もいるとは思いますが、疲労を蓄積させないひとつの方法です。

◉自然体で笑顔になる方法

もうひとつ、愛想笑いで疲れない方法は、意識してつくらなくても笑顔でいられる人物になることです。

そんなの難しいと感じる人には、おすすめしたい簡単な方法が2つあります。

ひとつめは、**相手に感謝の気持ちを持つこと**です。

「ありがとう」の気持ちを持って接すれば、自然と笑顔になるからです。

たとえば八百屋さんで買い物をしていて「お姉さんべっぴんだから1個おまけしと

くね！」と言われたら、つい笑顔で「ありがとう！」と返してしまうでしょう。

これはおまけをゲットできたうれしさよりも、自分を大事に扱ってくれた相手の気づかいに感謝して笑顔になるのです。

2つめは、**一緒にいる時間に対して抱く幸福を、相手と分かち合う姿勢でいること**です。

たとえば恋人同士なら、カフェで黙っていても、自然に笑みがこぼれます。それと同じく、自分は楽しいしうれしい、だからあなたにもこの楽しさを伝えたいと思えば、やはり無理なく笑顔で接することができます。

そうやって、自分から自然な笑顔を出せば、相手も笑顔で返してくれます。もちろん、疲れることもありません。

それでも、そんな気持ちにはなれないのだとしたら、それは、つきあうべき相手ではないか、その職業が向いていないのかもしれません。あるいは、自分の中に、不幸だとかツイてないといった不満が渦巻いているだけなのかもしれません。

前者なら人間関係や職場といった環境を変えることができますが、後者の場合、自分を卑下する思考習慣を変革する必要があります（この変革方法については拙書『捨てるべき40の「悪い」習慣』、日本実業出版社刊で紹介しています）。

10 「断れない」をやめる

やめられない人

気をつかって時間やお金を失う。

やめられた人

自分の時間やお金を大切に使える。

上司からの居酒屋への誘い、ママ友からのランチ会への誘い、同僚からの買い物への誘い……。

本当は行きたくないけれど、「つきあいが悪い人」と思われるんじゃないか、せっかく誘ってくれたのに、気を悪くするんじゃないか、次から誘ってくれなくなるんじゃないか、という恐怖感に襲われ、断ることができないのは、いい人に見られる典型的な行動パターンです。

しかし、断れないせいで、せっかくの自分の時間をつまらないことで過ごせば、大切な人生の一部を他人に捧げることになります。そして、その見返りは何もありません。それどころか、お金すらも失うことになります。

つまり、断れないという人は、他人に自分の時間やお金を利用されることでしか、自分の存在意義を感じられない人になる危険性を秘めています。

反対に、**自分がつまらないと感じる誘いを断る行為は、自分自身を大切にするということであり、それは自分の人生を大切にすることにほかなりません。**

だから、自分の未来に発展的な影響を与えそうな誘いでなければ、断る勇気を持つことです。といってもそれができないから苦労するわけなのですが、どうすればいいでしょうか。その方法のひとつは、**日ごろから「断りの鉄板フレーズ」を用意しておくことです。**

ただし「親が倒れた」などという見え透いた言い訳は、逆に相手を怒らせることになりかねません。断って嫌われるのは、明らかにウソだとわかる理由を言うからです。「その程度のウソが自分に通用すると思われている」という、バカにされた感じが相手の怒りを呼ぶのです。

そこで、**相手に「それなら仕方ない」と思わせるフレーズを考える**必要があります。

◉断りの鉄板フレーズを考えておく

よく言われることですが、たとえば「英会話を習っている」といったお勉強系の習い事とか、家庭を持っている人であれば「僕が食事の用意をする役割だから」といった家庭内の事情を引き合いに出すことで、飲み会などの誘いは断ることができます。

子どもがいればもっと便利で、「送り迎え」「世話」「勉強を見る」「子どものイベント」といった、相手には確認しようがない、しかも強制できない言い訳をたくさん用意することができそうです。

飲み会などで二次会に誘われたときは、「明日の朝が早い」「嫁に怒られる」「家族から電話がかかってきたふりをする」「ちょっと気持ちが悪くて吐きそう」「お金がない」などでしょうか。

このあたりはもはや定番かもしれません。

難しいのは、たとえば8月に「10月で開いている日はない？　飲みに行こう」などと、かなり先のスケジュールで誘われたというケース。

「血糖値が高くて夜の外食は控えろと医者に言われている」と健康を理由にするとか、「ごめん、仕事の都合で、直前にならないとはっきりしなくて……」と約束を渋っておく方法が考えられるでしょうか。

ほかにも、それほど親しくない人から久しぶりに連絡があって結婚式に誘われたというケースもあるでしょう。

おめでたい席であるがゆえに断りにくいもの。結婚式よりも重要な予定を伝えなければ、相手は「自分の結婚式はその程度なのか！」と不満を感じるでしょう。

そのため「法事があるから」「ちょうど旅行の予定があって」というフレーズがよく使われるわけですが、逆に使われすぎてウソがバレバレかもしれません。

そこで、たとえば回答をいったん保留にし、資格試験カレンダーを検索し、何か公的資格の受験日と結婚式の予定日が重なっているものはないかを探してみる。それがあれば、「〇〇試験の受験日だから」で逃げることもできます。

「司法試験や公認会計士といった難関資格であれば「お前、転職すんのか」と疑われますが、そうでないものであれば「将来の備えとして何か手に職をつけておこうと思って」という言い訳でも通用するでしょう。

もちろんこれらはあくまで一例にすぎません。とにかく**自分なりに「それじゃしょうがないよな」と相手に思わせる断りのフレーズを用意しておく**のです。そうでないと、とっさに出てこないですからね。

◉自分なりの逃げ方・かわし方を用意しておく

こうした断りにくいお願いごとは仕事上でもあります。

たとえば「誰か人を紹介してほしい」という依頼。

この場合、自分と紹介する相手にメリットがなければ、あなたの評判を傷つけることになりかねないので要注意です。というのも、そんなお願いをしてくる人は、自分の利益追求しか考えていないなど、たいていろくな話ではないからです。だから紹介したその人から「なんだ、あんな変なやつを紹介してきやがって」と信頼をなくし、大切な人脈を一人失うことになりかねません。

そこで、たとえば「忙しそうだから難しいと思うけど、声だけはかけてみるよ」で逃げる。「いやあ、そこまで親しい仲じゃないんで……すみません」で逃げる。

逃げきれない場合でも、「ざっくりどんな話でしょうか。それを先方に伝えてみますよ。メリットがあれば興味を持ってくれると思いますが……」というふうに牽制《けんせい》しておくことです。

また、「協力してくれないか」という依頼もあります。

これもいい人は安請け合いしがちです。しかし、それでクオリティが相手の要求水準に満たなかったり、約束に遅れたりすると文句を言われ、自分が苦しいだけです。

「すみません、今いっぱいいっぱいで」「すみません、その手の仕事はちょっと苦手で、むしろご迷惑をおかけすると思いますので」など、断りのフレーズを用意しておきましょう。

ただし、「仕事を断る」ことは逆に自分の可能性の芽を摘《つ》むことや、周囲からの信頼を失うことにもなりかねないので、とくに自分が新人やペーペーの場合、「断らない」ことを前提に対応を考えたほうが良いでしょう。

◉いい人はセールスを断れない

いい人は、悪徳セールスマンにすら、「いい人でありたい」と願い、断ることができません。

ケチな客と思われたくない、相手をがっかりさせたくない、これで断ったら嫌われると感じ、つい買ってしまうのです。

高額な商品の契約を拒否するより、「ここまでしてもらって断るのは申し訳ない」という感情が勝ってしまう。それが高じて、たとえば壺や印鑑といったものを買わされる人も少なくありません。

「自分は断れない傾向があるな」という人は、**「人を見ないで商品と価格を見る」**ことを意識してみましょう。

相手の表情や人格を見るから情が移るわけです。だから、「この商品は本当に必要か？この値段はそれに見合っているか？　ほかに代替品はないか？」にフォーカスして、人は見ないようにするのです。

もうひとつは、**「自分は数百・数千の客のうちの一人にすぎない」**という信念を持ち、相手のためではなく、自分のために要不要を考えることです。

セールスの基本は客との信頼関係づくり。だからあなたにそういうアプローチをしてきます。しかしそれは営業の基本であるがゆえに、あなただけではなく全員にしていることです。

とすると、相手を信じて財布を開くことは、単純なセールステクニックにつかまっているだけ。

そして、自分が買わなくても、ほかの人が買ってくれます。自分がいなくても、その営業マンの生活にはまったく影響ありません。だから、相手の誠実さや熱心さなんて気にする必要もありません。相手は「仕事」としてやっているだけなのですから。

11

「反論を我慢する」のをやめる

やめられない人　ストレスを溜めて悶々とする。

やめられた人　理不尽な相手には「鉄板フレーズ」で反撃できる。

「あなたまだ独身？　そろそろ落ち着いたら？」

なんていきなり失礼なことを言われたら、あなたはどう答えるでしょうか。

「よけいなお世話です」

と言うのもありきたりで、あとで不快感だけが残りそうです。そこでたとえば、

「あなた落ち着きすぎていませんか？　まだ老後というには早いでしょうに……」

などと、反撃できたら痛快ですよね。


しかしいい人は、いい人であるがゆえに、他人の神経を逆なでするようなボキャブラリーを持っていません。だから、すぐに反論することができません。

そして、いつもやり込められて、あとから何度も怒りの感情にさいなまれ、夜も眠れないということの繰り返し。

もっとも、会社の中では、合理性が優先される世界なので、理不尽に文句を言われるケースはそう多くないと思います。

しかし、プライベートの人間関係、たとえばＰＴＡや子ども会、町内会といった場では、好き嫌いやムカつくなどといった感情がぶつかり、言われのない非難や批判を浴びることがあります。

あなたも、

「えっ、今さらそんなこと言われても……」

「それ、私には関係ないでしょう……」

「そんな言い方しなくっても……」

「こちらにも事情があるというのに……」

「どうしろっていうのよ…」

と感じた場面があるのではないでしょうか。


理不尽な人間は、そもそも、自分が理不尽なことを言っていることに、まるで気づいていないどころか、自分が正しいと思っています。自分が正しいから、自分の考え通りに人をコントロールしようとし、逆らう人はすべて悪。だから反論しようものなら、さらに輪をかけて攻めてきます。

しかしそんなとき、いい人はびっくりして何も言えません。失礼なことを言われてもとっさの反撃の言葉が出てこない。何か不愉快なことを言われたり、非難されたり、罵倒されたり、大声で怒鳴られたりすると、フリーズしてしまうのです。

自分は茫然自失としたまま、言われっぱなしで反論できず、その場は雲散霧消で相手は去っていきます。そして家に帰ってから怒りがこみあげ、「なぜああ言えなかったのか」「くやしい」と悶悶《もんもん》とするというわけです。

でも言われっぱなしもムカつきますよね。

◉理不尽なクレームへの対処方法は「それで?」

そこで、比較的簡単で必要以上に相手を刺激しないでその場を収める鉄板フレーズは、「それで?」という質問で返すことです。

仮に「あなたのせいでしょう!」と言われても、「それで?」で返す。「責任を取れ!」と言われても「それで?」を繰り返すだけ。「それで? じゃないでしょう!」と言われても「それで?」。「『それで?』しか言えないの?」でも「それで?」。

この「それで?」連続作戦によって、「だから何?」「だからどうしろと?」「結局何が言いたいの?」と、相手の発言の理不尽さを浮き彫りにする効果があります。

そして、相手はやがてあきれて去っていきます。

とはいえここまで徹底するのは「いい人」にはなかなか難しく、途中で相手の発言にまじめに反論して墓穴を掘ってしまいがちです。

それを防ぐためにもあえて「自分はバカと思われてもいい。相手の理不尽に押し切られなければいい」と割り切ることです。まともに対応すると、相手の思うツボなのですから。

◉撃退ボキャブラリーを準備しておく

たまに攻撃的に自分を非難してくる人もいます。しかし、いい人はここでも相手を刺激したくないと考え、穏便な対応を心がけます。すると相手は調子に乗り、何度でもあなたを攻撃し続けるようになります。いわゆる大人の間で起こるイジメやパワハラです。

言葉を選ばずに言うと、**こういう人はそもそも頭がおかしいわけで、そんなイカレた人間に配慮する必要はありません**。関係が悪化しようと、そんな人物は退けたほうが、平穏で幸福な日常生活が送れるというものです。

また、**やられっぱなしの人は、当人は冷静な大人の対応をしているようでも、第三者から見れば頼りなく映ります**。何の抵抗もしないのは情けない感じがしますし、理不尽な攻撃には反論したほうが周囲からは頼もしく映るものです。

私も、ネット上などで自分を名指しで否定・批判されたら、徹底的に応戦します。

もちろん、ほとんどは捨て台詞的な誹謗中傷が多く、コメントする価値もないものばかりです。こんな人たちにガソリンを投入して再炎上というのもバカバカしい。だからほとんどはスルーしています。

しかし、その人の実名入りとか、著名ブロガーなどで影響が大きいと思われる場合は、自分の公開メディアを使って全力で反撃します。

なぜなら、沈黙は時に認めたとみなされることもあるため、自分を信じてくれている読者や、自分に期待してくれている家族や仲間に申し訳ないからです（もちろん、わざわざ自分のほうから誰かを名指しで攻撃することはしないと決めています）。

それはともかく、たとえばいじめの加害者も、相手が抵抗してこないとわかっているから安心していじめることができるだけで、相手が本気で怒ると何をしてくるかわからないという不安があれば、いじめてこないでしょう。

そこで、イカレ人間を撃退するセリフをあらかじめ用意しておくのです。

参考までに、私が用意している撃退フレーズです。

「ずいぶんがっかりなことを言いますね」

「成熟した大人が言うセリフとは思えないですね」

「ずいぶん幼稚な反応ですね」

「醜悪な言葉を使うのはやめましょうよ。大人げないですよ」

「あなたほどの人がその程度とは激しくがっかりしますね」

「あなた、いくつでしたっけ？　何十年も生きてきてその程度ですか……」

「脳みそ病んでますね、大丈夫ですか？」

「そんな頭悪い人みたいなこと、言うのやめましょうよ」

「それで、あなたはいくら稼いでいるんですか？」

「あなたの肛門は口に付いているんですかね。排泄物みたいな汚い言葉を垂れ流さないでくださいよ」


もしそれで、「ケンカ売ってんのか！」と言われたら、

「あなたのことを心配しているだけなのに、被害妄想が激しいですね」と返す。

対話

「失礼だな、あなたは」と言われたら、

「恐れ入ります。良薬は口に苦しと言われますから」と返す。

「生意気な奴だな」と言われたら、

「そんな幼稚な語彙しか持ってないなんて、頭脳が残念ですね」と返す。


きついですか？　でもいいんです。相手をブチ切れさせるためのフレーズですから。あくまで理不尽な相手に対してですので、乱用厳禁です。


ただし、明らかに挙動不審な人や、目つきのおかしな人物には何も反論せず、ただ無視してその場から逃げ去るのが無難です。

少数ではありますが、嫌がらせのためなら犯罪すらいとわない狂人もいるからです。そういう人は、たとえば騒音おばさんとなったり、あなたの家に火をつけたり、郵便ポストに汚物を投げ込んだり、何をやらかすかわかったものではありません。

紹介したフレーズが効くのは、あくまであなたに対して不愉快な発言をする「理不尽な常識人」に対して、です。

12

「他人との摩擦を恐れる」のをやめる

やめられない人

不満を相手に伝えられず大切な関係を失う。

やめられた人

自分と他人の違いに折り合いをつけ、関係性を深める。

「いい人」は他人との摩擦を恐れます。だから、相手の言動に不満があっても、ケンカになったらどうしようと恐れ、相手に伝えることができません。そんな「いい人」は、逆に大切な人との大切な関係を失ってしまう危険性をはらんでいます。

不満があっても伝えないことは、自分の気持ちにフタをし続けることと同じです。それは鬱憤《うっぷん》として蓄積され、やがて許容量を超えて爆発することがあります。不満が爆発すれば言葉づかいも態度も乱雑となり、相手も感情的になるでしょう。すると売り言葉に買い言葉で、もはや修復不可能になってしまいかねません。

また、夫婦関係でも「いい人」であろうとすると、冷え切った関係になってしまうことがあります。

いい人は、相手と摩擦を起こしたくないから、争うのが面倒だからと相手に不満をぶつけることを遠慮します。不満があっても「はいはい」と言ってやり過ごせば、いざこざは少なく、平穏な日常を送ることができます。

しかし、そんな「臭いものにはフタ」という逃げの繰り返しでは、お互いの気持ちが触れ合うこともなく何年一緒に生活しても、歴史となって積み重なっていくことがありません。

表面上はうまくいっているようで、その実、心は通い合わない。家族なのに楽しくない。夫婦関係に意味がなくなり、仮面夫婦や家庭内別居にもなりやすい。相手に関心がなくなるから、メール１本で別れることにもなりかねない。

このように、「いい人」がすぎると、その努力が報われることなく、むしろ人間関係にとってはマイナスです。それは当然ながら、本人が望んでいる結末ではないはずなのに……。


◉大人のケンカは、関係を築くための修正作業

私は、**大切な人との関係を守りたいからこそ、修正作業としてのケンカは必要**だと考えています。

それは絶対にケンカをしなければならないということではなく、もちろんケンカはなければないに越したことはありません。しかし、それぞれ違う人間である以上、どうしてもかみ合わない場面は出てくるものです。

家族であっても基本は他人ですから、価値観も違えば性格も違います。当然、相手に不満を覚えることもあるでしょうし、意見が対立することもあるでしょう。

そんな他人同士が良好な関係を長く続けるためには、それらの違いや対立を認めたり解消したりする必要があります。

そして、**私たちは超能力者ではないのですから、言葉に出して伝えなければ相手には伝わりません**。そして伝わらなければ、相手の行動が変わることもありませんから、永遠に不満を感じ続けることになります。

あるいは、自分が耐えるために相手への感情を押し殺してしまえば、前述のような、あきらめと無関心の関係にもなりかねません。

年配の人にありがちな「そのくらい汲めよ」「言わなくてもわかるだろう」という不満は、相手がエスパーだと勘違いしている「脳内ファンタジー人間」か、自分の思い通りにやれという傲慢な人間のどちらかです。

相手の気持ちを読もうとする努力が不要という意味ではなく、相手に伝えようとする努力が重要だということです。

それにケンカといっても、自分の不満や要求を強引に相手に押し付けたり、感情的になって相手をののしったりすることではありません。**お互いがより良い関係を築く**

ために、自分の不満や要望を伝え、双方の違いにどう折り合いをつけるか、どう修正できるかを相談することです。

逆に、赤の他人とのケンカは、そもそもわかり合おうという前提がありません。良い関係を続けたいという相手でもないですから、「ふざけるな」「なんだと、このやろう」という罵声しか出てこないでしょう。

これはコミュニケーションではなく、単なる争いです。だから電車内で乱闘が起きたり、車の割り込みくらいで殺人事件まで起きたりするのです。

そうではなく、たとえばお互いが感じた不満を共有し、譲るべきところは譲り、変えるべきところ、変えてもらいたいところを確認していく。わだかまりを吐き出し、相手の感情を理解し、考え方を尊重する……。

それが相手の負担になることであれば、「ここまでならできる、それ以上は無理」という落としどころを探り、お互いが納得できるところまで歩み寄る。

つまり大人のケンカとは、大事な相手との良い関係を長く続けていくための問題解決方法であり、必要な修正手段と言えるのではないでしょうか。

13

「本音を隠す」のをやめる

やめられない人

敵もいないが、味方もいない。

やめられた人

敵もつくるが、信頼できる味方ができる。

いい人は、仕事でも信頼できる仲間ができにくいと言えます。

人は、相手の人格に触れたときに、好き嫌いなどの感情を抱くものです。しかし、いい人は自分を隠して本音を出さないので、人間としての魅力を感じにくく、それが結果として信頼されにくさにつながるのです。

これは会社の中でも同じです。**いい人すぎる人は、敵はいないけれども自分を守ってくれる味方もいない**ということになります。いざというときに、誰かから頼りにされることや、社内の新プロジェクトなどで白羽の矢が立つこともありません。

新しい仕事に抜擢されるのは、人畜無害のいい人やマジメ一辺倒の人よりも、自分の意見を堂々と主張する、個性の強い人物です。何かやってくれそうな期待感を周囲にもたらすからです。

反対に、いい人は、面倒くさい仕事や雑務を押しつけられる傾向があります。

●やたらと愛想のいい人は演技に見える？

たとえば営業トークでも、その製品の良い面だけを言われても、「そんなうまい話ばかりあるはずはない」と疑ってしまいます。しかし、欠点も合わせて両方提示されると、ぐっと信頼感が高まるのではないでしょうか。

同じように、やたらと愛想がいい饒舌《じょうぜつ》な営業マンも、どこか演技をされているようで、信用できないと感じた経験をしたことがある人もいると思います。善良な面だけを出して接してこられても、「本当かな？」と人は疑念を感じてしまうもの。逆に朴訥《ぼくとつ》でも人間味がある営業マンのほうが好感が持てるという人もいるでしょう。

もちろん、「これは相手に迷惑だろう」と思うことまで出す必要はありませんが、自信のない（と自分で思っている）個性の部分も合わせて表に出していくことです。

それであなたを信頼してくれる人がいる一方で、「いけ好かない」と思う人も出てくるかもしれません。しかしそれは良い悪いではなく、そういうものなのです。

会議やミーティングでの発言も、率直な意見を述べる人は、敵もつくるけれども味方もつくります。

そもそも尊敬される人物、魅力的な人物とは、その人独自の考え・意見・主張があるからです。当たり障りのない意見を述べたところで、「ふうん」でスルーされてしまいます。それに、**社内で「あの人素敵」という人ほど、「アイツ目障り」「生意気」など面白くないと思っている人がいるものです。**

14

「他人に追随する」のをやめる

やめられない人　他人からの影響を受けやすい。

やめられた人　**自分の価値基準や判断に自信が持てる。**

いい人は、他人と摩擦を起こさないよう、周りに合わせて生きています。自己責任での判断を避け、他人に決めてもらってそれに従うほうがラクだと考えています。そのため、つねに自分がなく、他人に追随します。

そうした自己固有の判断軸がない人は、他人からの影響をモロに受けるようになります。良いことも悪いことも含め、「あの人がいいと言ったから」「テレビでそう言っていたから」「口コミサイトにこう書いていたから」と、その発言者が見ず知らずの人であっても信用します。

ほかにもたとえば、自分は給料が安いとは思っていなくても、同僚が「ウチって給料安くてやってられない」と言えば、「そうかもしれない」とつられてしまう。それで「そうよね」と同意すれば、本当に不満に感じてくる。そうやって不満が増幅されやすいのもいい人の特徴です。

こうした他人の影響を受けやすい姿は、時には「素直さ」としてかわいがられる要素でもあります。しかし、**信念とガンコさが表裏一体であるように、素直さと思考停止もまた、表裏一体**です。

彼らは服従を強いられる環境にいたり、親がすべて先回りしてレールを敷いてきたりなど、自分で考え判断する力を奪われて育ってきています。

そのため、合理的・論理的な思考が苦手であったり、決断を恐れるという弱さにつながります。たとえば転職や結婚といった人生に関わる重要な決断すら、ビビって先送りするといったことなどです。

いい人が「自分には無理」とよく発言するのも、自分に自信がないことと合わせて、考えて判断することを恐れ、リスクにばかり目が行ってしまうからです。

また、こうした人たちの中には、キャッチセールスに引っかかりやすいとか、占いやスピリチュアル、新興宗教に強い影響を受ける人も少なくありません。

自分の生き方や価値観に対して確固たる信念がない人にとっては、抽象的なふわふわしたもののほうが、心地いいからです。

◉自分の判断・行動につねに理由を持つ

こうした状況から脱するには、自分の価値基準や判断軸を信頼することです。その方法のひとつが、**「自分のすべての判断と行動に理由を持つ」という習慣**です。

たとえば私の例で恐縮ですが、私はエレベーターに乗ったとき、まず「閉」ボタンを押してから目的階のボタンを押します。その理由は時間短縮のためです。先に目的階ボタンを押してから閉まるボタンを押すより、逆のほうが早いからです。

何かを買うときも、ただ「欲しい」ではなく、それを買って得られる具体的なメリットを考え、買う理由を持つことです。

電車に乗ったらなぜその位置に立つのか。通勤時間ではなぜそのスマホアプリを使うのか。なぜその道を通って会社に行くのか。同僚とランチに行っても、「じゃ、私も同じ」ではなく、自分がそのメニューを選ぶべき理由を持つ。

上司から言われた指示に対し、なぜそのように動いたのか。これも「上司の指示だから」ではなく、自分がそう動くべき合理的な理由を持つ。

そうやって、**あらゆる判断や行動に、自分なりの根拠や理由を考える習慣をつけることによって、自分の価値基準が見えてきます**。そしてその基準を自分自身で信頼できるようになります。

それはやがて、他人の意見に容易に揺るがない、強い精神軸を養う土台となるのです。

15

「気のつかいすぎ」をやめる

やめられない人　ストレスを溜めて、老化、病気が進む。

やめられた人　**ストレスが減り、若々しく生きられる。**

いい人は、普通の人が大したことないと思うことを、より深刻に受け止め、クヨクヨしがちです。いつも他人の目を気にして自分の言動に気をつかっています。そのため、いい人は過剰にストレスを感じやすく、そのストレスを溜めやすいと言えます。そしてこれは、寿命を短くさせるリスクをはらんでいます。

◉強いストレスは不健康を招く

適度なストレスは身体に必要だと言われますが、強いストレスが長期間続くと、免疫力が低下してさまざまな疾病にかかりやすくなります。いくら食べ物や運動に気をつかっても、心が不健康であれば、身体も不健康となるのです。

やや専門的な話になりますが、医学的なメカニズムで解説します。

私たちの身体は「自律神経」と「ホルモン」という二大制御機構によって支えられています。

自律神経とはたとえば心臓や腸などの働きのように自分の意志では動かせない神経のことです。そしてこの自律神経は、昼間に優位となって身体を活発化させる交感神経と、夜間に優位となって身体を休息させる副交感神経のバランスで成り立っていて、生体の活動をつかさどるための重要な役割を果たしています。

しかし強いストレスはこの自律神経のバランスを崩し、交感神経が優位な状態にさせてしまいます。交感神経は活動のための神経系統なので、血圧を上げ、毛細血管を収縮させて血液を身体の内側に保とうとします。

末梢の血管が閉じるということは、血流が悪くなり身体を冷やします。これは各種酵素の働きや免疫細胞の活動を鈍らせます。

また、休息や睡眠をつかさどる副交感神経の働きを抑制して良質な睡眠を妨げるため、睡眠中に分泌される各種ホルモンが不足します。すると日中にダメージを受けた細胞の修復や老廃物の排出が滞るなど、細胞の代謝が悪くなります。

さらにストレスに抵抗するため副腎皮質ホルモンが分泌されますが、副腎皮質ホルモンは合成・分解の際に活性酸素を発生させ、身体を酸化させます。活性酸素はDNAを傷つけ、ガン細胞の元にもなります。

このように、強いストレスで交感神経が優位な状態が続くと、高血圧、血流障害、低体温を招き、免疫力を大幅に下げ、ガンを含むあらゆる生活習慣病を呼び込みやすい体質となることがわかっています。

それだけでなく、こうした状態は細胞の劣化につながりますから、老化を早め、年齢よりも老けた印象となります。

つまりクヨクヨする人は身体の機能も見た目も劣化してしまうのです。

◉悪いストレスを抱えないために

そうした状況を防ぐには、やはり物事をネガティブではなくポジティブに捉える思考体系の獲得が必要です。

「それができないから苦労してるんだ」という場合は、ネガティブになりにくい環境を自ら整備していくことです。

たとえば、**好きなこと・得意なことを仕事にすること、自己表現できる機会を持つこと、自由裁量権を持てる状態をつくること**などが挙げられます。

まず、好きなことや得意なことを仕事にすると、苦労を苦労とは思わず熱中できます。

釣りを趣味とする人が、釣りを一日中やっていたとしても、「努力した」とか「つらい」などと思わないように、趣味と仕事が同一線上にあれば、何時間没頭しても、悪いストレスを感じることはありません。

だから繰り返しになりますが、仮に一時的に収入が下がったとしても、転職してでもやりたい仕事に就くほうが結局は満足度の高い人生になると私は考えています。

次に、自己実現ですが、自分の主義主張を発表して認めてもらえることは、自尊心が満たされ、自信が持てるようになります。

芸能人が若々しいのもこれに近いと思いますが、ただ「多くの人から注目され見られている」からというだけではなく、自分を表現（アウトプット）できているため、ストレスが内にこもらないのではないでしょうか。

これはサラリーマンでも同じです。たとえばブログや勉強会、セミナーなどを主宰して自分の考えを発表できる場を会社以外に持っている人は、とても生き生きとした人が多い印象があります。あるいは主婦でも自分の特技を活かし、自宅で料理教室やフラワーアレンジメント教室などをしている人は同様です。

最後に、自由裁量権は、文字通り自分で決められることですが、人は自分の思うとおりに動けないとき、大きなストレスを感じます。

中間管理職が過剰なストレスを溜め込みやすく、メタボや高血圧などの疾病が増える原因もここにあると思われます。

決裁権は大きくないにもかかわらず、部下からの突き上げに上司からのプレッシャーという、八方ふさがりになりやすいからです。

そう考えると「ワガママに働く」ことがストレスを減らし、免疫力の維持にプラスになるわけですが、もちろんすべて完璧な職場も仕事もなく、あとは程度の問題かもしれません。

そして、こうした環境整備と、自分なりのストレス解消方法との合わせ技で、いかにストレスを悪いストレスとして内にこもらせないようにするか。それが身体の免疫機構を維持し、細胞レベルでも健康を保つことにつながります。

第3章

常識

16 「常識人」をやめる

やめられない人

「無難路線」で大成できない。

やめられた人

「独自路線」で成功者になれる。

常識

自分の人生を、どのようにデザインすれば、もっと楽しく、もっと充実させられるでしょうか。

何事もなく平穏で、あまり目立つことなくひっそりと生きていくことが理想だとすれば、今までどおり「いい人」でいることが良いかもしれません。

しかし、**何かを成し遂げたい、何かの分野で大成したいと望むなら、今すぐ「いい人」をやめ、もっと「ワル」に振り切る必要があります。**

これは犯罪者になれということではなく、変人になれということです。

変人とは同じ状況に直面しても、他人とは違うものの見方、違う発想、違う行動ができる人のことです。

私の周りの「成功者」と呼ばれる人を見ていると、彼らは例外なく奇人変人です。「ヘンな人」「変わってる」と周りから思われています。

彼らは普通の人が見過ごすような状況において「これっておかしくね?」「これって不便じゃね?」「もっとこうすればいいんじゃね?」と豊かな感受性を発動させます。

そして、どんなに周囲が「やめとけよ」「ハイリスクだよ」「無駄だよ」「無理だよ」という反応を示しても、気にせず行動することができます。

もし、あなたが創業社長が経営する中小企業に勤めているなら、社長の人格を思い出してみましょう。紳士的な人でしょうか、尊敬できる人格者でしょうか。

おそらく、「そうは思えない」という社長が多いのではないでしょうか。

イノベーションと言われるような、革新的な製品やサービスを世に送り出してきた人間は、たいてい変人です。反面、「いい人」にイノベーションは起こせません。彼らは「常識人」だからです。

だから、もしあなたがイノベーティブな人材になりたいと考えるのなら、「あの人、ちょっとヘン」「あいつ変わってる」と評価されるようになる必要があります。

もちろんそういう人間を目指している私にとっても、**「変わってる」「発想が独特」と呼ばれることは最上の褒め言葉**です。

◉予測不能な人物になるために

もうひとつは、**他人と比較するのではなく、自分の「期待ギャップ」を広げる**ことです。

たとえば、恋愛でも仕事でも、いい人は無難路線を選ぶので、相手からすると次の発言や行動が予測できるようになります。それを相手も望んでいる場合は、いわゆる「阿吽《あうん》の呼吸」になるわけですが、ややもすると「いい人なんだけど、つまらない人」という評価になる場合もあります。

恋愛であれば、ときには思いもよらないサプライズなプレゼント、デートコースを考え実行してみてはいかがでしょうか。

「『えっ、そんなのアリ？』と思われないか？」「相手に迷惑じゃないか？」「引かれないか？」という恐怖心があっても、それでもやってみるのです。やってみると意外に、「あなたを喜ばせたい」という一所懸命さは伝わるものです。

仕事でも同じく、**先が読める人というのは、安心感につながると同時に、つまらないという評価になる**こともあります。

そこで、相手の期待値を大きく上回る方法を考えます。周囲のイメージとの振れ幅が大きくなるように発言やコメントを考えるのです。

たとえば、自分がリフォーム業者なら、「ここはまだ直さなくて大丈夫ですよ。もし不具合があればご連絡ください」と見積もりを渡しただけで帰ると、お客は「え、リフォーム屋なのに直さないの？　この人は本当に自分のためを思って言ってくれている人だ」と感じてくれるかもしれません。

あるいは、自分がウエイターなら、「こちらの料理はわりと量が多いので、お二人でしたらひとつで十分ですよ。もし足りなければあとで追加していただいてもいいですし」と、あえて注文を取らないなども考えられます。

お客は「この店員さん、気が利いてるな」と感じ、「何かおすすめありますか？」と聞いてくれるかもしれません。

つまり意外性を演出するのです。

◉みんなと同じ方向を向かない

これからの世界、自分の力で生きるとは、常識を疑い、自分の頭でユニークな企画や方法を考えることです。世論でも会議でも、予定調和を前提としていると、思考停止を招いてしまいます。

つまり、**良い意味で相手の期待を裏切る発想力は、人間としての魅力を増すだけでなく、ビジネスの世界で差別化して生き残る、大きな力となる**のです。

そのためにも、常日頃から他人とは違う発想をする習慣づくりが必要です。

私自身も、**あえて世の中の常識・通説・定説にＮＯというメッセージを出す**ことを意識しています。

たとえば「赤信号は渡ってもいい」「ウェルカム、ブラック企業」「高齢者をいたわってはいけない」といった具合に、最初に非常識な結論を出し、あとからその理由づけを考えます。

具体的には、「道路交通法の目的は交通の安全と秩序の維持だから、それが阻害されなければ問題ない」「ブラック企業は、仕事の基礎体力をつけてキャパシティを広げる貴重な環境」「有業率が高いと医療費が低くなるとおり、高齢者に仕事を与えるほうが高齢者自身の健康と医療財政改善に貢献する」という感じです。

他人が驚くことをする、他人の感情を揺さぶることを言うなど、他人から見て「予測不能な人」「意外性のある人」になろうとすることは、新しい価値をもたらす原動力になる、と私は考えています。もちろん、ぬいぐるみを抱いて出勤するとか、夜中に奇声を上げて走り回るといったことではありませんのであしからず。

17 「友達が少ないことに悩む」のをやめる

やめられない人

表面的な友達ばかりが増え疲れる。

やめられた人

何でも打ち明けられる友達ができる。

孤独なのは寂しい、孤立するのは人間関係の失敗、友達がいないのは人として問題あり、と考えられる風潮があります。

たしかに、いつも自己中心的で、不平不満や他人の批判ばかり口にするような人には、誰も寄りつかなくなります。しかし、そんな人はいつも孤立し孤独だったため、それが普通なので、あまり気にしないでしょう。

一方、いい人は、こうした風潮を真に受けて、友達の少ない自分を無価値人間のように感じます。だから孤独や孤立をひどく恐れ、群れようとする。そのために自分を抑え、他人に気遣い、無理をして疲れます。

『ワンピース』や『NARUTO』といった少年漫画が、仲間や絆を重視して人気を博していることからも、根強い「友達こそ重要」という意識が社会を覆っていることがうかがえます。

また、家族や学校の先生、そして社会も「友達は大勢いたほうがいい」「友達は多いほうが人として価値が高い」という圧力をかけます。

「一年生になったら、友達100人できるかな」という歌がありますが、これも友

常識

情至上主義を私たちに植えつける洗脳教育のひとつかもしれません。

そもそも人間が100人いれば、100通りの価値観や主義主張があります。にもかかわらず、友達を100人持ち、その関係を維持しようとすれば、その100通りに合わせなければならなくなります。

もちろん、それが自分との相性がいい人で形成された100人であれば理想的です。

しかしいい人は、そうでない人にも合わせてしまいます。100通りの人と関係を続けるため、演じなければならない頻度が増え、本心が言いにくくなります。心が通じている感覚が持てなくなり、よけい寂しさを感じるようになるのが、いい人の陥りがちな人間関係です。

◉友達100人なんて必要ない

社会性やコミュニケーション能力をはぐくむためにも多種多様な人づきあいは必要かもしれません。

しかし、友達は少なくてもまったく問題ないと私は思っています。

とくに子どもの時期に必要なのは、親にも言えない悩みや不安、たとえば成績の悩み、恋の悩み、将来への不安といった、もやもやした奥深い感情を自分で認識し、それをなんとか言葉として表現し、魂レベルで交流することです。

そして、**深い交流には時間がかかるものですし、それができる価値観の合う友人というのは、そう多くはいないのではないでしょうか。**

では、100人もの友達と、そんなやりとりができるでしょうか。時間は有限ですから、深いつきあいはできないでしょう。

本音をぶつけられないとか、心の内側を理解し合えない友達がどれだけたくさんいても、むしろ寂しいことです。

だから、**友達が少ないことは恥ずかしいことでもなんでもなく、一緒に泣いて笑って悩みを打ち明けられる相手が一人いればいい**と考えています。

100人との交流を否定しているのではなく、100人とのふれあいの中で、本当の自分に合う人をふるいにかけていけばいいということです。

たくさんの人と出会うことには楽しさもありますが、自分と感覚が合わない人は自然に疎遠になっていくものです。そして自分の成長に応じて、相性が合う相手も変わっていきます。

そうやって都度、一緒にいて心地いい、我慢しなくてもいい、「ハワイ旅行した」などと見栄や虚勢を張らなくてもいい、緊張感なく何でも安心して打ち明けられる、沈黙した間があっても不安にならない相手を、たった一人得ていけばいいのではないでしょうか。

◉友達断捨離をする

そして、**社会に出たら、友達はゼロ人でもまったく問題ありません。なぜなら大人は、自分がぶつかる悩みや壁のほとんどは自分で解決できるからです。**

今やネットで検索すればなんでも調べられますから、ちょっとした悩みや困りごと程度であれば、自分で解決方法を見つけられます。

もちろん、自分だけでは解決できない問題にぶつかることもありますが、それは専門家にお金を払って解決すればいいのです。

たとえば転職や起業をしようかどうか迷ったときに、会社員の同僚に相談するでしょうか。そのテーマに関して知見も経験もない友達に相談したとしたら、むしろ解決方法を間違えてしまう可能性のほうが高いでしょう。

普通なら、自分で考えて行動するか、社内にロールモデルとなる人がいればその人に相談する。あるいは転職カウンセラーやヘッドハンターに相談する。起業したいのであれば起業して成功している人に相談するでしょう。

つまり、**自分の課題解決に貢献する人は、実は友達ではない場合がほとんどです。**

それに、たとえば同窓会でかつてのクラスメートと飲み会をしても、現況報告や「あの人はどうしてる？」といったたわいのない話題に終始するもの。

あるいは職場の同僚も、仕事の話題以外で仲良くしなければならないという関係でもない。

ママ友や子どもの友人を通じての家族のつきあいも、必要な場面は小学生の間ぐらいまでと限定的ですし、子どもが大きくなれば親が介入しなくてもなんとかなるものです。

いずれにせよ、**普通の大人にとって、友達はいてもいなくても特段の変化をもたらさない**可能性が高いわけです。

もちろん、チャンスは人がもたらしてくれるものですし、友達に助けられるということもあるため、友達を否定しているのではありません。友達は持つべきだという社会の圧力に迎合し、無理して好かれようとか、嫌われないように努力するという労力はあまり意味がないということ。だから、友達がいない、少ないことを気にする必要はないということです。

とくに大人になってから「親友は大事だ」と言う人には要注意です。

彼らはおそらく、自分の感情を自分で消化できないから吐き出せる相手が必要なのでしょう。自分で自分の問題を解決できないから相談できる相手が必要なのでしょう。自分の生き方に自信が持てないから共感し慰めてくれる相手が必要なのでしょう。そんな人とヘタに関わると、長電話に長文メールといった面倒につきあわされることになりかねません。

などと長々と述べてきましたが、何が言いたいかというと、もし人間関係が息苦しい、行き詰まり感を覚えるという人は、苦手としている人との関係の断捨離をしましょう。そして、それで友達と呼べる人がいなくなっても大丈夫だということです。

それは「切る」とか「無視する」ということではなく、「あえて自分からは関わらない」「適度に距離を置く」ということです。

もし仕事やPTAなどで関わることを避けられないなら、用件のやりとりだけのコンパクトな会話で済ませばいい。そのグループには近づかない。その集まりには参加しない。必要以上の会話をしないだけです。LINEやフェイスブックもグループを再編成する。

それで人間関係が途切れても、そもそも苦手な人たちなのですから、なんら困ることは起こらないはずです。むしろよけいな気遣いが減ったぶん、気分はラクになるのではないでしょうか。

極端な話、結婚式に呼べる友達がいなくたって、別に身内だけでやればいいのですからね。

18

「世間体を気にする」のをやめる

やめられない人

窮屈になる、不幸になる。

やめられた人

「恥ずかしさ」不感症になり、ラクに生きられる。

常識

大学に進学してこそ一人前、結婚して家族を持ってこそ一人前、家を持ってこそ一人前、と言われることがあります。

そして、そうではない状態を指して、「世間体が気になる」「近所から何を言われるかわかったもんじゃない」「こんなことがバレたら恥ずかしい」と感じるとしたら、そうした思考パターンは、あなたを窮屈に、そして不幸にします。

そもそも世間体って、いったい誰なのか？　その世間体は、あなたに仕事や報酬をくれるのか？　旅行に連れて行ってくれるのか？　食事をごちそうしてくれるのか？　自分とは、直接つながりのない他人に気をつかって、何かメリットがあるのか？　あいさつくらいしかしない隣近所の人の目を気にして、何かメリットがあるのか？

つまり**世間体とは、実際には存在しない「他人からこう思われたらどうしよう」という自分の中にある恐怖感であり、思い込みなのです。**

もちろん著名人であれば、テレビや週刊誌で叩かれれば仕事が減るといったデメリットがあるかもしれません。一般人でも、ＳＮＳに不適切な写真をアップすれば、調べ上げられてさらし者にされて、学校や会社にバレて辞めさせられるということもあります。

しかし、私たちの通常の生活の中では、世間体を気にしなかったからといって、何か困ることが起きるわけではありません。逆に、世間体を気にしたからといって、何かうれしいことが起きるわけでもありません。

であれば、**世間体を気にしないのがもっともラクな生き方だと言える**でしょう。

◉最強の人種は「恥ずかしさ不感症」の患者

では、そんな世間体という束縛から解放され、自由で自分らしく生きられる人とは、どのような人種なのでしょうか。それは、普通の人が「恥ずかしい」と感じることを、まったくそうは感じない人です。

たとえば何日も続けて同じ服を着ていても平気。頭がボサボサでも平気。パジャマでウロウロしても平気。スッピンでも平気。自分の発言がその場を凍り付かせても平気。「バカじゃないの?」と言われても平気。プレゼンがうまくいかなくて場がシラけても平気。同僚の前で叱責されても平気。リストラされても平気……。

自分の言動や直面する状況に対して、恥ずかしいと感じなければ、「他人からこう思われたらどうしよう」という発想とも無縁です。

もちろんそれはなかなか難しいことではありますが、自分が感じる「恥ずかしい」のレベルが上がってくれれば、それだけ周りの目を気にすることなく、自由に振る舞えます。つまり、**恥ずかしさに対してもっと鈍感になる、恥ずかしさ不感症に感染すること**です。

そのためにはどうすればいいかというと、ひとつは前述のとおり「これを恥ずかしいと感じてメリットがあるか？」と具体的に考えてみることです。

たとえば、あなたの同僚が昨日着ていた服の色を覚えているかというと、きっと忘れているのではないでしょうか。だとしたら、自分が着ていた服のことも相手は覚えていないということです。

あなたが通勤途中、服装をビシっと決めた人とすれ違っても、「カッコいい」と感じるだけで終わり、すぐに忘れますよね。反対に頭ボサボサでパジャマ姿の人とすれ違っても、「ヘンな人」とは思っても、やはり声はかけないし、同じくすぐに忘れるでしょう。だったら自分もそう思われる程度だということです。

こう考えると、その恥ずかしさを避けるための行動は、気苦労と比べればほとんど意味がないことがわかります。というわけで私も、服はいつもユニクロだし散髪は美容院じゃなく1000円カット。フロにも入らず寝ぐせのついた頭のままでうろうろしています（まあ、ちょっと極端かもしれませんが……）。

もうひとつは、**物事や状況を「まあ、こういうこともあるさ」「いろんな人がいるものさ」「そんなに目くじら立ててもしょうがないさ」と切り替え、「これが私です。それが嫌ならそれでどうぞ」と割り切っていくこと**です。

私自身も、40歳を迎える直前くらいになって、ようやく恥ずかしさ不感症のレベルが上がってきました。それは、失敗や自分の未熟さ、無能さをオープンにし、「それが私なんです」と言えるようになってきたということです。たとえば……

会社を2つつぶすなど経営者としては無能だよ。
社員はどんどん離れていったから、リーダーシップのかけらもないよ。
だからもう社員をたくさん雇うなんて考えないし、売上も何十億円とか狙わないよ。
資産○億円とか言われるけど、借金も○億円あるよ。
稼いだお金は不動産に変えているから、現預金はほとんど持っていないよ。
友達はほとんどいない引きこもりだよ。

10人中9人が僕のことを嫌いでも、一人に愛されればいいよ。僕だってそんなにたくさん愛せないから。

別に嫌われてたっていいよ。自分から他人を攻撃しなければ、何か危害を加えられることはないから。

他人の期待に応えられなくてもいいよ。他人の期待がどうであろうと、自分ができることを精一杯やり、自分が納得できる生き方をするだけだから。

そうやって素のままの自分をさらけ出し続けていけば、その状況に慣れます。それで離れていった人もいるかもしれませんが、むしろ親近感がわくと言ってくれる人もいます。そして周りも「あいつはああいうヤツだ」と思うようになるものです。

すると**自分を大きく見せる必要も、見栄を張る必要もなくなり、自然体で生きることができます**。いつも正直、隠しごともない。だから、今の私には「不必要に気をつかう」という気苦労がほとんどなくなりました。

もちろん、すぐに到達できる境地ではありませんが、自分を飾らないで素のままで生きても、まったく問題はないんだ、という経験を積み重ねていくことです。

19

「ルールを守る」のをやめる

やめられない人　受け身で自分で問題解決できない。

やめられた人　「不安」に正面から向き合い、自分で「解決策」を考えられる。

常識

いい人は、常識人です。人間関係に摩擦を起こさないよう、節度と良識を持って行動します。だから非常識なことを避け、社会のルールを忠実に守ろうとします。ときには、そのルールがおかしいとか、自分に不利になることがあるとか、場合によってはそのルールを破ったほうがいいといったことに思いがおよびません。

そのため、態度はつねに受け身です。受け身であるがゆえに、物事を深く考える習慣がありません。誰かがうまくやってくれる、自分はその誰かがつくったルールに従っていればよいという発想です。

いい人のほとんどは数学や物理が苦手で、論理的思考も苦手なのはこうした発想に起因します。実際、複雑な事態に直面すると頭が真っ白になり、「わかんない！」「もうどうでもいい！」という反応をしがちです。

社会の常識に従順で、受け身で、論理的思考が苦手だからこそ、何か自分が困ったときには他人のせいにし、自分に降りかかってきた問題を自分で解決することができません。

「こんな目に遭った」と自分の境遇を嘆き、なんとかしてほしい、同情してほしいと願うわりには、自分から「こうしよう」という考えがありません。

「ではこうやってみたら？」と振ると、「自分には無理」という反応をするのが典型的です。「でも、どうせ、だって」という自己憐憫《れんびん》の３Ｄも彼らの得意なセリフです。「もっとよく考えてみたら？」と振ると、「もういい！」と逆切れ。論理的に説明しようとすると、「屁理屈」と切り捨てる。

いい人は考えることを面倒くさがるので、自分で何とかするのではなく、誰かに何とかしてほしいという欲求でいっぱいです。そして、彼らの批判の矛先はつねに他人や企業や行政に向けられます。

労働法違反だ、不当解雇だと会社を訴えたり、政府の対応が遅いと非難したりデモをしたりするのもこうした人たちです。

しかし、そういう依存体質であるがゆえに、社会の弱者としての道を歩かされることに気づいていません。

弱者は「なんで自分だけがこんな目に遭うんだ」「まじめに生きてきたのに」と怒りをあらわにしますが、何かにしがみつくことに一生懸命で、結局は何も考えていないのです。

◉人生はすべて自己責任

環境変化に流されずに強く生きるためには、**自分の問題は自分で解決するという覚悟と、「できる」という自己信頼を獲得することが必要**です。

精神面では、自分の身に起こることはすべて自己責任という意識を持つことです。それはいい意味での「傲慢さ」で、「他人は関係ない」「自分次第」と、他人との因果関係を断ち、自分ひとりでなんとかしようとすることでもあります。

ただし、「自分のせいだ」などという自己否定ではなく、「自分がやるしかない」という、自分の人生に対する責任感です。「どんなに困っても他人に頼るな」などというつまらないプライドではなく、まずは自分ができることをすべてやりきってからという、全力を尽くす姿勢でいることです。

◉紙に書き出してみよう

「言うのは簡単。でも実行が難しい」という言い訳が聞こえてきそうです。

そこで、まず、課題の「見える化」をしてみましょう。

今の自分の悩みや不安、不満は何か。それを引き起こしている原因は何か。それを解決する方法は何が考えられるか。

これらについて思いつくことをすべて書き出していきます。そのとき、できるかどうかは大きな問題ではありません。「自分には無理そう」と感じても、「ではどうすれば可能になるか」を考え書き加えていくのです。

書いて可視化するだけでも、自分の心をすっきりさせることができます。

次は、それらの中から、すぐできること、時間がかかることに分け、ひとつずつ実践していきます。もし効果がなければ、方法を修正したり、他の打ち手に変更したりすることを考えます。

たとえば**多くの人に「老後の不安」があると思います。しかし老後の不安といっても具体性がありません。老後の何が不安なのかをはっきりさせる必要があります。**

そこでノートに、老後の不安を「お金の不安」「健康の不安」「孤独への不安」と書いてみます。さらに、それらの不安を、他人ではなく自分自身がどう動いて解決すればいいのかを深く掘り下げていきます。思い浮かばなければ、ネットで検索してみてもよいでしょう。

たとえば、「お金の不安」を払しょくするためには、「お金を貯める」「お金を稼ぐ」という方法があります（年金は政府という他人に依存した方法なので、ここでは割愛しておきます）。

「お金を貯める」ならば、いったいいくら必要なのかを把握することです。そして貯金だけでなく個人年金や貯蓄型の生命保険、確定拠出年金など、節税と運用を兼ねた方法も併用する。

自分が何歳まで生きるかはわからないから、預金残高が減っていくという貯蓄を取り崩すだけの生活は恐怖であることがわかります。

そこで同時に、「お金を稼ぐ」方法を考える。高齢者でも雇用されるのは、どういう職種でどういう能力を持った人なのか。

しかし「雇ってもらう」のは他人依存であるから、自分で事業を始めることを考えてみる。「自分にはムリ」と思考停止しそうな自分をぐっととこらえ、模索していく。

あるいは、生活コストそのものを下げ、貯蓄や収入が少なくても大丈夫な体制をつくっておく。

たとえば、老後の住居費負担を減らすため、今のうちに家を買い、定年退職と同時に住宅ローンの返済が終わるようにしておく。

ほかにも、太陽光発電設備を取り付けて電気代負担を減らす、家庭菜園で野菜を栽培し食費を浮かせる、といったことも考えられます。

こうした**「漠然とした不安」を「今日からできる具体的なＴＯＤＯ」に落とし込む**作業を、ほかの「健康不安」「孤独への不安」でも同じように考えるのです。

逆に、今日からできないことは具体化が足りないということです。もっと細かく掘り下げてみる必要があります。

こうしたことを考える作業には、書いて「見える化」するのが最も手軽でわかりやすい方法です。

20

「道徳的である」のをやめる

やめられない人

他人も許せないが、自分も生きづらくする。

やめられた人

根拠のない思い込みに縛られずのびのびと生きられる。

いい人は、とても道徳的です。人としてこうあるべきという規範を強く持っています。そのため、企業の不祥事や著名人のスキャンダルといった、他人の非道徳的な行為が許せません。しかしそうした姿勢は、結果として本人を生きづらくさせてしまうことになります。

たとえば、いい人の多くは、自分の個人情報が漏れることを大きな問題にします。以前、某通信教育大手の企業で子どもの個人情報が漏洩《ろうえい》するという事件が起き、わが家にも商品券が送られてきました。たしかに企業からすれば、これは大きな問題であり、管理体制の不備を糾弾されてもやむをえないでしょう。

しかしよくよく考えてみると、私たち個人からしてみれば、自分の個人情報が漏れたところで、何か困ることはあるでしょうか。

仮に住所が漏れたら、何かＤＭなどが来るかもしれないですが、無視すればいいだけ。メールアドレスが漏れても、着信拒否や迷惑リストのボタンをぽちっと押すだけ。セールスの電話や訪問販売が来ても「いらないよ」と言えばいいだけ。

子どもの情報が漏れたら誘拐などの犯罪に使われる？

誘拐事件のほとんどは、現場で突発的に行なわれるか顔見知りによる犯行です。そんな無味乾燥なリストを使って計画的に子どもが狙われる可能性はきわめて低いと言えます。

クレジットカード情報が漏れたなら問題ですが、年収や貯蓄額や借入情報が漏れたところで、別に損害は発生しないでしょう。

もっとも、悪徳セールスの餌食になりやすい高齢者や、別の目的で狙われる恐れがある若い女性などは気をつける必要があると思いますが、一般個人としてはとくに失うものはありません。

そうやって**具体的に思考を深めていけば、私たち個人には実害はないわけだから、個人情報の漏洩を過剰に気にする必要はない**、とわかります。

つまり自分の個人情報が漏れたくらいでいちいち騒ぐ人は、感情的になって思考が浅いのです。思考が浅ければ、それで何が困るか、なぜ恥ずかしいのか特定できませんから、ただ不平不満を感じるだけ。

そしてそれは「いい人」の、どこにも存在しない「こう思われるのではないか」という思い込みと同じ精神構造です。

「それは困る！」「大きな問題だ！」などと、いったい何が困るのか、何が問題なのかに思考がおよばないまま、強い道徳心で他人を叩く。

しかしそうやって騒ぐから社会は監視性が強まり、犯人探しや吊るし上げが行なわれ、炎上が頻繁に起こり、より窮屈になって生きづらさを増していく。私たちが生きる世界の閉塞感を強めている犯人こそ、実は「いい人」たちなのです。

◉具体的に考える姿勢は論理的思考につながる

こうした、社会を圧迫する「いい人」から脱却するには、あるいはそうした社会から逃れるにはどうすればいいのでしょうか。

そのカギは、前述のとおり、「具体的に考える」ことです。

ちょっと複雑な問題に直面したら、「ああもう、わからない！」「もういい！」「もう知らない！」などとさじを投げるのではなく、考え抜く習慣をつけることです。

たとえば誰かから「不謹慎だ！」と指摘されたとします。ここでいい人はシュンとしてしまいがちです。

しかしそれも、具体的に考えようとすれば、こう反論できるのではないでしょうか。

「なぜそれが不謹慎と言えるのか？　根拠は何か？」

「不謹慎とは誰から見たものか？　誰による判断なのか？」

「その人は、他人を不謹慎だと判断できる技量や資質を持っているのか？」

「仮に不謹慎だとして、それでいったい誰が困るのか？　具体的に何が困るのか？」

そうやって突き詰めていけば、実は誰も何も困ることはなく、「不謹慎だ」という人の価値観の押し付けにすぎないことがほとんどだとわかります。

そうやって具体的に考え、何が起こるか想像し予測していけば、一見非常識、非道徳的に思える行ないであっても、実際に困る場面はあまりない、あっても被害は軽微だろうとわかります。


つまり、**根拠のない思い込みや常識、個人の感じ方にすぎない道徳心や社会規範に対して、自分がそれを守らなかったら具体的に何が困るのかを考え抜くことが、この窮屈な監視社会から逃れる方法のひとつ**です。

21

「自分の正義の押し付け」をやめる

やめられない人　自分も周囲も社会も息苦しくする。

やめられた人　「多様性」を認め、イライラしなくなる。

常識

「いい人」が生きづらくなる理由のひとつに、日本人が持っている美徳や道徳観念、そして常識や社会のルールを愚直に守ろうとしている点も挙げられます。そしてそれが、本人の心をも窮屈にさせています。

同時に、周囲に対しても同調圧力をかけようとするのが厄介なところです。

たとえば、大きな自然災害などの直後は、「パーティーなどのイベントは自粛すべきだ」という美徳があります。彼らにとってはそれが被災者・被害者に寄り添う姿勢であり、正義なのです。だから彼らは、そんなときにお祭り騒ぎをしている人を「けしからん」「不謹慎だ」と非難します。

実際、東日本大震災後に海外に逃げた人を非国民と非難したのも彼らです。彼らは、災害直後だからこそ逃げずに手を取り助け合っていくべきだと考えていて、それを日本人全員に強要します。

いい人は、自分は正しい、良識ある人間だ、相手のためを思っているという確信があるので、自分の常識とは違う他人に我慢ができません。

彼らは、なぜ人は自分の考えている正しさを実践しないのか、なぜ自分の正義が実現していないのか、と感じてイライラします。

そのため、自分とは関係ない相手であっても否定し攻撃します。

「ブラック企業は許せない」「無休で残業させるなんてもってのほかだ」などと、正義の代弁者として、自分の常識に反する人や会社を糾弾します。

そして、こういう**「正義の剣」を安易に抜いては振り回す人は周囲から疎まれ、人が近寄ってこなくなります。**

もっとも、こんな人は世界中にいて、たとえば「お前んところの神様なんて認めねーよ」「お前の神様が言ってることなんてクルクルパーじゃねえか」と宗教で戦争まで起きるくらいですから。

◉正義とは傲慢である

しかし、客観的な正義なんてどこにも存在しないものです。

先ほどの例でいうと、「自然災害後だから自粛すべきだ」という意見もあれば、「パーティーであろうとお金の流れを止めないことが、間接的に被災地を支援することにつながる」という考え方もあっていいはずです。

ほかにも幕末時代の、維新志士と新撰組はどちらが正義なのか？　どちらも「こうすれば日本が良くなるはずだ」という自分たちが信じる正義に従って戦ったわけです。あるいは、自民党も共産党も同じく自分たちが信じる正義にもとづいて選挙で戦い、国会で論戦しています。

立場や経験、価値観が違えば、出てくる主義主張も違うでしょう。妻の正義と夫の正義、親の正義と子の正義、10人いれば10通りの正義があるわけで、どちらが正しく間違っているかなんてわからないものです。

もちろんこうした考え方も「私が勝手に考えている正義観」です。本書の内容も、単に私の一方的な考え方を書いているにすぎません。

だからこそ私は「こうすべきだ」「こうしてください」などと、読者に押し付ける表現は避けるように意識しています。本の内容が万人に当てはまるわけではありませんし、どう感じようとそれは読者の自由だからです。

私のスタンスはいつも「自分はこう思うよ、だからこうしたらよいと思うよ。でもそれがすべてじゃない。あなたはどう思う？」と、判断は読者に任せるポリシーです。

仮に自分の正義があったとしても、それを他人に押し付けようとするからイライラするし、トラブルも起きる。それがもとで孤立していくわけです。

だから、もし他人の発言や行動にイライラしたり怒りの感情が芽生えたりしたときには、なぜ自分は怒りを覚えたのか、その理由を振り返ることです。

それは自分の中に「こうあるべき」という常識や正義があって、それに反しているから。だから、イライラや怒りの感情を取りのぞくためには、その「べき」は万人に当てはまらないことに気づくことです。

他人には他人の常識や正義があることを受け入れ、「そういう人もいる」と多様性を認められれば、イライラする場面を減らすことができます。

余談ながら、「正義という剣を振るってもいい人の定義」を、あるアニメで見たことがあります。

「自分の正義を他人に押し付ける傲慢さへの認識、自分の正義を実現させるだけの力、自分の正義が周囲を幸せにするという信念、自分の正義を貫いた結果の責任を取る覚悟、これらをすべて満たせる人だ」

なるほど、ごもっともかもしれません。

◉こういう人に遭遇したら、スルーに限る

逆に、もし、あなたの意見に対していちいち嫌味を言う人や、「その考え方は間違っているよ」などと決めつけて否定してくる人がいたら、多様性を認められない正義押し付けタイプです。

こうした人に「そんなことはない」「そういうあなたが間違っている」などと反撃すると、さらに輪をかけて攻撃してきます。中にはムキになって反論してきて、何時間も説教してくる人もいます。

彼らは宗教と同じで、自分の意見が絶対正しいと信じ込んでいます。もはや理性ではなく意地です。そういう人には何を言っても平行線のまま。だから反応するだけ時間と労力の無駄です。

この場合、「そうなんですか。そういう考えもあるかもしれませんねえ……」「まあまあ、人によって考え方は違うんだし」とか「まあねえ……。時と場合によっても変わるしねえ」などとやんわりとぼやかしてかわすことです。

それでも相手がひるまず攻撃してきたら、逃げることです。つかまったらやっかいなので、「じゃ、急ぎの予定があるので」とスルーするに限ります。

第4章

お金

22

「お金の話を避ける」のをやめる

やめられない人　お金に恵まれない。

やめられた人　**お金そのものや知識が寄ってくる。**

人間社会の残酷な真実のひとつは、「いい人ほど貧しくなる」という現実です。「いい人」はお金を汚れたものと捉えており、お金の話をすることは失礼だ、などと考えているからです。

いい人は、他人の目を気にするあまり、「お金の話をするといやらしい人と思われるのではないか」と考えます。また彼らは生々しい現実を直視するのが苦手で、それを体現するお金の話に触れたくないのです。

たしかに物理的な意味では、とくに紙幣はバクテリアや汚染細菌の巣窟《そうくつ》と言われるくらい汚いものですが（だから子どもがお金を触ったあとはすぐに手洗いをさせるのですね）、そもそもお金に「キレイ」「汚い」などという色がついているわけではありません。それを使う人がどう扱うか、というだけです。

◉お金に「キレイ」「汚い」はなく「使う人」しだい

では、**なぜいい人が貧しいかというと、お金が寄ってこないから。お金が寄ってこないのは、お金の話を避けるから**です。

たとえば、自分が釣りが好きで、釣りの話ばかりをしていれば、同じく釣り好きの人が集まってきます。ジョギングが趣味で、ジョギングの話をすればやはりジョギング好きの人が集まるようになります。

そして、自分の知らない情報を教えてくれて、もっとくわしくなったり、うまくなったり、人を紹介してくれたりなど、自分の世界も広がるでしょう。

お金も同じです。お金の話をしない人のところには、お金に興味がある人は寄り付かないですから、儲かる情報に触れる機会、あるいはお金にくわしい人との出会いの機会も減るということです。

だから**お金で苦労したくないと思ったら、あるいはもっとお金が欲しいと思ったら、もっとお金の話をすること**です。といっても「あなたの年収はいくらですか？」「貧しい私にめぐんでください」などという話ではありません。

たとえば、「こんな節約方法があるよ」「これがお得だよ」「ここでバーゲンやってるよ」「あの人、こんな商売を始めて儲かっているらしいよ」「あの商品がヒットしたのはこういう理由だと思うよ」という話のことです。

そうすれば、「儲けの機会」「運用方法」「節約方法」「賢い買い物術」を知っている人や、興味・関心のある人が寄ってきます。

また、家族でのお金の話も大切です。

これも、「ウチの収入はこれだけしかないからガマンしなさい」ということではなく、「自分たちの幸せのために、こういうことにはお金を使うのを控え、こういうことにお金を使おう」という判断軸を共有することです。

同時に、たとえば奨学金の意味、クレジットカードやリボ払いといった信用取引の仕組み、税金の知識などをシェアし合います。そうすれば、家族のお金の使い方に方向性が生まれ、夫婦ゲンカをすることも減るでしょうし、子どもには、社会に出てから必要となるお金の知識を与えることもできます。

前述のとおり、お金そのものがいやらしいわけではありません。にもかかわらず、その話をするのがいやらしいと思うとしたら、お金への偏見があるからです。

だからまずは、**「お金には色も性格も人格もなく、それを使う人によって、きれいにも汚くもなる」という認識を持てば、生きていくうえで最も重要な道具のひとつであるお金に対して、もっとポジティブな関わり方ができるようになるはずです。**

◉これからは、堂々とお金の話をしよう

これは私個人の優先順位ですが、1位は命、2位は健康です。死んだらそこで終わりですが、生きてさえいれば、どうとでもやり直せるし何度でも逆転できるからです。また、不健康なら生活に制約を受ける場面が増えますが、健康でさえいれば仕事も恋愛も不自由なくできるからです。

そして3位がお金です。

ちなみに、ここに「家族」は入っていませんが、自分の家族はまったく別次元の大切さなので、同列には扱えないだけです。「メロンと水泳のどちらが好きですか?」という質問と同じくらいレイヤーが違うのです。

ただし、命も健康もお金も仕事も、家族を支えるという意味では近くにある存在と言えるかもしれません。死んだり病気になったりすれば家族に迷惑をかけるし、仕事を失ったりお金がなくなったりすれば、家族を支えることも難しくなるからです。

読者のみなさんの優先順位はいかがでしょうか?

掃いて捨てるぐらいお金を持っている人や、とてつもなく稼いでいる人にはどうでもいいことかもしれませんが、普通の人であれば、やはりお金の優先順位は高いと思

います。

であれば、もっと会話の中にお金の話が出てきてもよいのではないでしょうか。

そもそも**会社でやる仕事は、基本的には会社を儲けさせるためのものです**。つまり、1日の半分以上、1年の半分以上はお金を儲けるために活動しているということです。あるいは**MBAに代表されるビジネススクールも、いかに会社が儲けられるか**、というテーマで2年間も勉強しまくります。ファイナンスもマーケティングもマネジメントも、すべては儲けるための理論です。

つまり、**世界の大勢の人が、実は儲けることに対して興味関心がある**ということです。それを会社だけではなく、個人にも当てはめようというのは、ごく自然なことではないでしょうか。

企業は雇用を生む存在ですが、個人は家族を支える存在です。規模が違うだけで、役割は同じ。だから私たちも、堂々と儲け話をすればいいのです。

23

「過小評価」をやめる

やめられない人　自分を安売りしてしまう。

やめられた人　**お金、信頼、チャンスを手に入れる。**

お金

いい人ほど、お金を稼ぐことに対する罪悪感があります。だから、正当な対価の要求や思い切った値付けができません。稼ぐことは他人から（弱者から）お金を搾取《さくしゅ》して、自分だけがトクしているような感情になるからです。

さらにいい人は、嫌われたくないから断ることが苦手なので、安易に頼まれごとを引き受けます。さらに、自分の価値は低いと思い込んでいるので、労力に見合った報酬を要求する勇気もありません。

たとえばちょっとＩＴにくわしい人が友人のホームページづくりを手伝ってあげたときも、「自分は別にプロじゃないから、お礼なんていいよ」など、必要以上に安く、あるいはタダ同然で働きます。

もちろんこうした姿勢によって、信頼を得ることや、のちにチャンスを引き寄せるきっかけになることもあるため、必ずしも無駄ではないのですが、むやみに安請け合いすることは、ずるい人にうまく利用されてしまうことになりかねません。

ずるい人は、相手に感謝するという観念が抜けていますから、「ありがとう！　助かったよ！」と言われて終わり、何か恩返しをしてくれることはない。こうして**いい人は、労力の割には稼ぎはそれなりで終わってしまうことが多いのです。**

◉稼ぐことは価値との交換であり、貢献である

しかし「稼ぐ」ことは本来、相手に対する貢献です。

たとえばエアコンを買っても、普通の人は自分で取り付けられないでしょう。しかし、工事業者に頼めば、短時間できれいな仕上がりで取り付けてくれます。そしてあなたは「ありがとうございました」と言いながら代金を払うはずです。

レストランに行っても、食事が美味しく気持ちの良いサービスをしてもらったら、「ごちそうさまでした」とお礼を言って代金を払い、「またこの店に来たい」と思うのではないでしょうか。

逆に、欠陥工事だったら「金返せ！」と言うでしょうし、料理がまずいとか店員の接客態度が最低だったら「二度と来るもんか」と思うでしょう。

つまり、「お金をいただく」とは、「相手に喜んでもらう」と同義だということです。にもかかわらず、**お金を稼ぐことに罪悪感を覚えるという人は、「相手に喜んでもらいたくない」と言っているのと同じ**ということになります。

「いや、そんなことはない。喜んでもらったらうれしい」と言う人は、そこにお金

が介在することに困惑するのです。

しかしたとえば、いつも果物やお菓子をプレゼントされて、家の掃除や片づけを手伝ってくれて、子どもの面倒も見に来てくれて、毎週のように洗車に来てくれる。それらは全部無償で奉仕してくれる、という友人がいたとしたら、どうでしょうか。

最初のうちは感謝するし、しばらくしたら「便利でラッキー」と思うかもしれません。しかしそれが、何か月も何年も続くと、さすがに気味悪くならないでしょうか。何かウラがあるのではと勘繰らないでしょうか。申し訳ないと感じないでしょうか。

それなら、対価を払ってやってもらったほうが気分もすっきりするというもの。


そう、普通の人にとって、無償奉仕され続けるというのは、実は精神的な負担になるのです。つまり、**商品・サービスの提供には、お金のやりとりがあることで相手との関係がフェアで長続きする**ということです。

そう考えると、お金をいただくのは申し訳ないという人は、相手に心理的な負担をかけたいというのと同じということになります。

だから、価値を提供してお金をいただくことは、必要不可欠であり尊重される行為なのです。

◉**「自分の安売り」をやめる**

一方で、いい人は自分を過小評価しているため、自分が提供するものはたいして価値がないと思っています。だから、代金を請求する場合も、高い値段をつけるのは恐れ多いと感じ、かけた労力に対して非常に安い金額をつけようとします。

自分の年収が低くても、「自分はこんなものだから」と低い水準で自分を納得させ、満足しようとします。年収1千万円なんて無理だ、と最初から自分に線引きし、挑戦することもなくあきらめてしまいます。

つまり、**自分の限界を定めているのは、ほかの誰でもない「自分」。こうして、「いい人ほど貧しい」という、救いのない現実が起こる**のです。

たとえば、大学3年生の若者が就職活動を前に、あなたに相談に来たとします。話してみると、当時の自分と比べてとてもしっかりしていて、自分に相談に来る必要はないように感じます。

しかし、その大学生の口から、「自分は三流大学で成績も良くないから、こんな一流企業に応募しても仕方ないですよね。どうせ落ちるなら、最初から普通の中小企業を受けたほうがいいですよね」という言葉が出たら、あなたはどう答えるでしょうか。

「だよね〜。やめときな〜」とは言わないでしょう。むしろ「そんなことないよ。チャレンジしてみる価値はあると思うよ」と答えるのではないでしょうか。

そして、「でも、自分なんかには無理では……」という反応が返ってきたら……?

きっとあなたは、「自分で自分の限界を定めることなんてないよ」「そんな過小評価しなくても、君はとてもしっかりしているよ」「そんなふうに最初からあきらめるなよ」と助言するのではないでしょうか。

そう、実はみんなわかっているのです。**自分の限界を定めるのはいつも自分。自分の夢をあきらめるのはいつも自分。自分の未来を裏切るのはいつも自分**だと。

そこで、自分を過小評価する自分から脱出するための言葉を紹介しましょう。

「奇跡が起こるのを待つより、自ら奇跡を起こしてみせたほうがカッコいいだろう?」

「勇者とは、恐れを知らない人ではなく、恐怖でビビッて足がすくんでも、飛び込む度胸がある人のこと」

「世間があっと驚くのは、『お前には無理』とみんなが言うことを成し遂げたとき」

「自分をバカにしてきたヤツらを見返す方法が一つだけある。それは成功することだ」

24
「他人との比較」をやめる

やめられない人　他人に嫉妬する。

やめられた人　打ち込めるものに出会え、上達を実感し、自信を持てる。

いい人は、自分の価値判断に自信が持てず、行動を躊躇《ちゅうちょ》します。そのため、自分の主義主張を通して、自分らしく生きている他人をうらやましいと感じます。しかしプライドは高いので、そのうらやましさは嫉妬という形で表出します。

成功した人に対しては、「何か悪いことをしたんだろう」「どうせすぐダメになる」「たまたま運が良かっただけ」「才能や特殊な情報源があったからだろう」と妬みます。同僚が先に昇進したとき、「なんであいつが」「会社は見る目がない」とスネます。

だからといって、自分が何か努力をするわけでもありません。そもそも努力するのを面倒くさがります。それに、もし努力してもうまくいかなかったとき、自分の無能感を突きつけられるのが怖い。だから他人を批判するだけで、自分は何も動かない。他人を批判・否定して落とせば、自分を高い位置に置くことができるので、プライドは維持されます。彼らはそれで満足なのです。

そういう人が多いからこそテレビや雑誌でも、不祥事やスキャンダルといった他人の不幸を取り上げたほうが売れるのです。

◉打ち込めるものを探し、成功体験を得る

自分の価値観、自分の生き方に自信を持つには、自分で目標を立て、それを自分の力で達成するという経験を積むことです。その体験が、「自分はやればできる」という自信を生みます。

そのためにも、**まずは「打ち込めるものを探す」ことです。趣味のお稽古でもいいので、自分が夢中になって取り組み、「上達しているという実感」を得ていく**のです。

そもそも他人のことをひがんだり、陰口をたたいたりするのは、不完全燃焼でくすぶっているタイプの人によく見られる傾向です。

やれる力があるのに出し切っていないから、他人の成功や幸せを見て焦る。自分はこんなもんじゃないのに、チャンスさえあればできるのに、なんであの人が、などと妬んでしまう。インターネットで情報が瞬時に流通する時代、他人の努力のプロセスは見えずに結果だけが見えるため、「いい人」は無能感を突き付けられて落ち込みます。

しかし、夢中で取り組んでいることが楽しければ、その過程自体で幸福感を味わえるため、「成功の裏にはプロセスがある」ことがわかります。他人の成功や幸せも認め、受け入れられるようになります。そして上達している実感が持てれば、自分は成長し

ている、自分はやればできると、自信にもつながります。

ただしこの方法は、現実逃避にもなりやすいので注意が必要です。

たとえば結婚したいけどできない、だから仕事に没頭するといった、自分が本当に望むものがあるのに、見たくないからそれとは違う場所に逃げ込もうとします。

仕事で行き詰まり感がある、だから退職して海外に留学する、大学院に行くといった「そこへ行って環境を変えれば人生も変わるはず」といったシンデレラ願望。

ほかにも、インド旅行など自分探しの旅に出るとか、スピリチュアル系の自己啓発セミナーに高額の料金を払って参加するとか……。

こうした逃避行動は、自分で今の環境を打開するのではなく、環境が自分を変えてくれるはずという、受け身の発想から来ています。

結局、他の何かに依存し続けることに変わりありませんから、自分で何かを成したという達成感は得られません。そしてそれは、ひがみ体質をますます強化しかねないので、やはり自分の夢や欲望、コンプレックスに素直になって分野を探すことです。

25 「友達上司」をやめる

やめられない人

嫌われない代わりに、信頼もされない。

やめられた人

「あなたについていきたい」という評価を得られる。

いい人は周りから嫌われたくないので、他人に注意をしたり叱ったりすることが苦手です。それが相手のためになることであっても、「こんなことを言って嫌われたらどうしよう」と恐れ、指摘することができません。そして会社でも、つい部下や後輩に迎合してしまう。いわゆる**友達親子ならぬ、友達上司**です。

また、責任を取らされることが怖いため、決断するのも苦手です。誰かに決めてもらい、自分はそれに従うほうが楽だと考えています。だから強引な指示や強制もできません。

そのため**部下からは、嫌われない代わりに、信頼されることもありません**。**「いい上司」という評価は得られても、「信じてついていきたい上司」という評価にはなりにくいのです**。すると昇進もほかの同僚に先を越され、その会社での給料も頭打ちになってしまいます。

中小企業の経営者の中にも、不良社員の解雇や、リストラなどの人員整理をできない人がいます。「自分の経営ポリシーとして人には手を付けない」という使命感で経営しているならともかく、社員に嫌われるのが怖くて言えないのです。

だから、彼らは自分に忠実な部下を信頼します。それはたいてい米つきバッタのような役員や部長です。つまり無能な上司が居座ることになり、その上司の部下を疲弊させ、組織を腐らせます。

通常は社長に近い管理職が社長とぶつかって辞めがちですが、社長が「いい人」の会社は、末端の優秀な社員から辞めていきます。

◉良いリーダーは部下との摩擦を恐れない

「ウォーキング・デッド」というアメリカの人気ドラマがあります。

これは、「ウォーカー」と呼ばれるゾンビから逃げ延び、安住の地を求めて戦いながら旅をする仲間たちのドラマです。

主人公リックは小さな町の保安官でしたが、逃走犯を追跡中、犯人との銃撃戦で撃たれ、病院で昏睡状態に陥っていました。そして彼が目を覚ましたとき、ウォーカー（ゾンビ）が徘徊する終末世界に変わっていたのです。

彼は辛くも逃げ延び、同じくウォーカーから逃げていた妻・息子と、ほかの生存者たちのグループに合流します。そしてあとから来たリックがリーダーとして、グループ全員を生存させる役割を担うようになります。

私はこのドラマを観ながら、リーダーたる人物の資質を感じずにいられませんでした。

真のリーダーは、「自分がリーダーだ」と主張しなくても、「君がリーダーだ」と任命されなくても、「○○長」という肩書がなくても、「自然にみんながついていく人のこと」だと感じたのです。

なぜみんながリックについていったかというと、「生き残るための道を指し示し、皆を説得し、率先して危険な役割を引き受けたから」です。

命の危機にさらされ、確証もなく進むべき道もわからない不安の中で、仲間はパニックになったり、どうしていいかわからなかったり、自分勝手に行動しようとしたりします。

そんな中でリックは、「武器の調達が必要だ」「ここは危険だから移動しよう」「行方不明になった仲間の救出が先だ」「しばらくここにとどまろう」「はぐれたらここに集まろう」「この場面では戦おう」「この場面では戦いを避けよう」などと、迷うメンバーに先立って提言し行動します。

そして、彼に反発する人はウォーカーに殺されたりグループから外れていったりし、彼と出会って彼に共感する人が新たにグループに加わり、安住の地を求めて旅を続けるのです。

つまり、リーダーとは、「道を指し示し、みなを率いていく存在である」ということ。同じように部下が上司をリーダーとして尊敬するかどうかも、肩書ではなく、その上司がリーダー足りうる存在かどうかです。

それは「この道が良いだろう」という判断力と、「この道を進もう」という導く力、そして「この道が間違っていたら自分が責任を取る」という覚悟です。それが**部下に対し、「この人についていけば安心」という感覚を持たせ、リーダーと認めるようになるのです。**

そうやって集団を同じ方向に向けて統率するには、それに従わない人間、間違いを犯す人間、集団の不利益になるような行為をする人間を矯正《きょうせい》あるいは排除しなければなりません。

ウォーキング・デッドに出てくるリックのように、時には強引さも必要ですし、叱ることも、あえて仲間から外すことも必要です。

それであなたから離れていく人がいても、それは仕方ありません。すべての人から慕われるリーダーは存在しないのですから。

たとえばソフトバンクの孫正義氏、楽天の三木谷浩史氏、ユニクロの柳井正氏は、優れたリーダーとして巨大な組織をけん引しています。しかし社内には彼らに反発する人も少なくなく、退職者も多いようです。

レディー・ガガが「あなたに影の部分があるなら、それはあなたに光がある証拠」と言ったように、光が強ければ影も濃く、逆に影がない人は、放つ光も弱いということ。結局、**優秀なリーダーとは、熱烈なファンがいる一方で、強烈なアンチもいると**いうことです。

26 「泣き寝入り」をやめる

やめられない人　割を食う。不利益を被る。

やめられた人　**重要な局面で戦うことができる。**

他人とのトラブルやもめごとを避けたいと思うのは、誰でもが持っている当然の心理であり、平穏に過ごすためにも必要な姿勢です。

しかし、いい人は、自分が損害を被ったり、不利になったりするような場面であってもいい人であろうとし、戦うことができません。彼らは「他人とモメる」ことにも慣れていないうえに精神的にも弱く、他人とのトラブルという状態に心が耐えられないのです。

もちろん積極的に戦えとか攻撃しろということではないし、そんな場面は少ないほうが良いのは言うまでもありません。

しかし、**必要なときでさえ自己主張ができない「いい人」は、往々にして割を食う立場に陥りやすい**と言えます。

たとえば、自宅のリフォームをしてもらったが、注文通りに施工されていない箇所や欠陥が見つかった。リフォーム会社にクレームを言ったが、のらりくらりでいっこうに直そうとしない。何度か強く言うと、リフォーム会社の部長とやらが出てきて「有償だ」と言う。「ふざけるな」と言ったら先方は逆切れし、メールしても返事もないし、電話にも出なくなった。

こんな状況でさえ泣き寝入りするのがいい人です。

彼らは自分が不利な状況に陥っても、「これ以上言うのは大人げない」「自分が我慢すればいい」「しつこい客、変な客と思われたくない」という心理が働き、それ以上強く押すことができません。

友人知人にお金を貸して、なかなか返してもらえない場合も、「早く返せ」「遅れるならそのぶん利息を上乗せする」と言い出せません。

お金を返してくれと言うと、相手の気分を害するのではないか、利息を請求するのはお金にいやしいと思われるのではないか、と気をつかってしまうからです。


同様に、たとえば相手からのクレームにも抵抗できず自分から折れたり、交渉でもやり込められたり、大きな声の迫力がある人には意見を言えなくなったりするなど、自分が一方的に我慢を強いられます。

また、自分に非がなくても相手から強く責められたら抵抗できず、訴えられた場合には震え上がってしまいます。先ほどのリフォームの話で言えば、「契約通りの工事じゃないから、残金は払わない」とあなたが言ったら、後日自宅に内容証明郵便が届いた、という場合です。

このとき「いい人」は精神錯乱状態に陥り、不安で夜も眠れなくなります。そしてやはり泣き寝入りするか、自分に不利な条件で示談や和解に応じてしまいます。

こうしていざというときにも戦えない「いい人」は、ずるい人や企業に押し切られ、貧乏くじをひくことになるのです。

◉健全なクレーマーになろう

そこまで大きな話でなくても、レストランやショップなどで不愉快な思いをしたとき、ガマンしてお金だけ払って出ていく人は少なくないでしょう。「いちいち言うのも疲れるだけ」「変なクレーム客だと思われたくない」「もう来なければいいだけの話だ」というわけです。

以前テレビで、レストランで注文とは違う料理が出てきたら、どういう反応をするかという人間観察の番組がありました。

するとほとんどの人が、最初は首をかしげるものの、結局は何も言わずにもくもくと食べ、代金を払って店を出ようとしていました。

たしかに、「また時間がかかるのもイヤだからこれでいいか」「結果的に安いほうの料理だからまあいいか」「いちいち言うのは面倒くさい」と感じることもあるでしょう。

しかし、もし自分だけが傷つき、自分だけが損をすることを受け入れるとしたら、これは生活のあらゆる場面に悪影響を及ぼします。

美容院で「もうちょっとここを切ってほしいんだけど」と思っても言えない。カフェのテーブルが汚れていても言えずに自分で拭く。

そうやって不満に感じたことを主張できなければ、自分だけが我慢し、さまざまな不利益を被るだけの人生になりかねません。

しかし実は、**ちょっと言ってみると、料理をつくり直してくれたり、新品と交換してくれたり、何かサービスしてくれたりすることもある**ものです。

わが家の例で恐縮ですが、私たち夫婦はどちらかというと「厄介なクレーマー」の部類に入ります。私も妻も、ショッピングや飲食店、各種サービスで不満があったらはっきり言うし、納得するまで引っ込まないからです。

なぜそれができるかというと、相手からどう思われてもいいと考えているからです。

別に嫌われてもいいし、面倒な客と思われてもいいし、バカなヤツだと思われてもいい。**そもそも、こちらはお金を払っている客なのに、なぜ不愉快な思いをして我慢をする必要があるのでしょうか。**

とくに飲食店であれば、店はゴマンとあるから二度と行かなければいいだけです。そうすれば二度と会うことはないし、仮に会ったとしても、何も関わることもない。自分の生活や人生にはまったく影響しない。

だから私たちは、たとえば飲食店で料理の焼き方が不十分とか逆に焼きすぎだったなどの場合でも、すぐに店員を呼んで取り替えてもらいます。メニューの写真と大きく違っても文句を言います。

クレームを言えば怒りが増幅しますから、そのときはストレスになるかもしれませんが、慣れれば何も感じることなく自然にリクエストできるようになります。

もちろん、些末《さまつ》なことにまでいちいち目くじらを立てる必要はないし、「お客様」だからと偉そうにしていいという話ではありませんが、明らかに納得できない場面であれば、「まあいいか」で自分を押し殺すのではなく、しっかり主張したほうが、しこりを残すことなく、あとで思い出して嫌な気分になるということもありません。相手にも「この人にはいい加減な対応は通用しない」「怒らせたら面倒くさい」という緊張感が生まれ、そのあとの対応が丁寧になり、ちょっとしたお願いが通りやすくなることもあります。

理不尽な要求をしろということではなく、自分が理不尽な目に遭っていると感じたら、その理不尽を打ち破ろうと主張をするということです。**自分が一方的に不利になる事態を避けるためのクレーム、納得できないことを跳ね返すためのクレームは、健全なクレーム**と言えるのではないでしょうか。

つまり健全なクレーマーとして言いたいことを言う勇気、理不尽な目に遭ったらその場で解消できるという確信があると、多くの場面で快適に過ごせるようになります。

◉声が大きいほうが人生は有利

また、たとえば会社の会議でも、子どもの学校のＰＴＡでも、マンションの理事会でも、趣味のサークル内でも、声が大きい人の言うとおりになりやすいという印象はないでしょうか。おそらく、多くの人が思い当たるフシがあると思います。

ほとんどの人は、大きな声を出されると、その迫力に萎縮します。周りの視線を一斉に集めることにたじろぎます。面倒なことに巻き込まれそうな不安にかられます。公衆の面前で罵倒されるかもしれないという恐怖を感じます。そして自分の意見を引っ込め、相手に従ってしまうのです。

だから必然的に、声の大きな人が自分の思い通りに物事を動かし、その当人はストレスも溜まらない。周りの人は逆に、本意ではなくしぶしぶ受け入れざるをえず、ストレスが溜まる。このような不公平はあちこちで見られます。

繰り返しになりますが、**この社会をしぶとく生きるには、理不尽に従うよりも、自ら理不尽を打ち破ること**です。

そしてそれには、周りからの視線を集めることや変な人間に思われることを恐れず、いざというときに大きな声を出せる訓練をしておくことです。

もちろん、相手を威嚇《いかく》したり恫喝《どうかつ》したりしてしまうと犯罪ですから、そういう意味ではありません。

ここで言う「大きな声」とは、腹式呼吸によって発せられる「はっきりとした滑舌」

「よく響き通る声」「力強くヨレない声」という意味です。これが堂々とした雰囲気をつくり出し、周囲を圧倒する迫力になるのです。

学校でも、野太い大きな声を出す子どもがいじめに遭うことがないのは、そうした一種の威圧感があるからでしょう。

ちなみに、私の妻はボイストレーニングスクールを経営していることもあり、大声でクレームを言うときの迫力がハンパありません。

◉大人のケンカを知っておく

私は、これからの大人の一般教養のひとつに、「大人のケンカができること」を挙げたいと思います。

ケンカといっても、法治国家に生きる私たちにとって、暴力を振るえば暴行罪、大声で怒鳴って相手を脅せば脅迫罪ですから、そうした腕力の強さのことではありません。

大人のケンカとは、冷静に論理的に反論することですが、生活の中で関連してくる法律とその**最終形態である裁判についても理解しておく**ことです。

どんなトラブルや相手の脅しにも負けず、不利な状況を押し付けられないためには、

お金

法律と裁判のやり方を知っておくことです。

どういう場合に相手は訴えてくるのか、裁判はどういうプロセスで行なわれるのか、もし負けたら何が起こるのか。あるいは自分から訴える場合も同じ。それらに対する知識があれば、心構えも対策もでき、トラブルを戦い抜くことができます。

ちなみに、ちょっとした商品やサービスの購入などで業者とモメたとき、相手から「訴えるぞ！」と言われても安易にひるまないことです。

そもそも弁護士への着手金だけでも30万円くらいはしますし、裁判は1年や2年はかかるのがザラです。一般の企業はそれほどヒマではないし、**数万円や数十万円の回収のために、裁判なんて割に合わない**からです。

逆に、消費者金融などお金を借りて返済を滞らせてしまうと、少額でも簡単に訴えられるので要注意です（厳密には金融機関から債権回収業者に債権が譲渡され、その業者から訴えられる）。金貸しや債権回収の仕事はそこがキモでもあるからです。

27

「白い目を恐れる」のをやめる

やめられない人　常識に縛られ行動できない。

やめられた人　**自由な発想とチャンスが手に入る。**

お金

私の経験上、この世は結局、いい人よりもちょっとズルい「ちょいズル」の人、ちょっと悪い「ちょいワル」の人のほうが勝っているという印象を持っています。

勝っているというのは、儲かるとか得をするとか、損失や不利な状況を避けられるという意味です。

これはもちろん、違法なことをするとか、他人をだまして自分が利得を得るということではありません。

悪く言うと「ずる賢い、抜け目のない」ですが、良く言うと「要領がいい、目の付け所が鋭い」ということです。そしてこれはイコール「物事の本質を見極める」ということでもあります。

それはいったいどういう意味か?

ちょっと極端な例ですが、たとえば人気ゲームソフトなどのレア商品を、発売日当日にアルバイトを使って店に並ばせて購入し、ネットオークションで高値で転売するという行為をどう感じるでしょうか。

実際、これがニュースとして報道されると、「ずるい」「けしからん」と言う人たちが現れます。しかしそういう人は、自分の頭で考え、自己責任で行動することから逃げている怠慢な人たちです。

というのも、そもそも商売の基本は安く仕入れて高く売る行為です。そして、需要が供給を上回れば価格が上昇するというのは誰もが知っていることでもあります。

つまりこれは商売の本質を愚直に実践しているだけです。金券ショップやリサイクルショップも転売ビジネスでしょう。

それに、転売が悪というのなら、小売店はすべて悪ということになります。なぜなら彼らもメーカーから商品を仕入れて転売しているだけだからです。

（なお、継続的な事業として行なう場合は古物商の許可が必要であったり、チケット類はダフ屋行為として都道府県の条例等で禁止されていることがあります）

不当に高い値段で売るのがけしからんという人もいますが、オークションの価格は強制ではなく、参加者の自発的な「この値段で買いたい」という意思表示にもとづいて形成されるものです。いくらになるかは、売り手にはわからないし、責任もない。

バイトを使ってまで買い占めると、他人に迷惑がかかるという人もいますが、どの世界でも売れ筋商品は取り合いになります。

バーゲン会場や福袋売り場でも、早朝から並んで商品を奪い合う客たちの様子を目にしたことがある人もいるでしょう。スーパーの特売で「玉子はおひとりさま1パックまで」という条件があると、家族を総動員して買う人もいるでしょう。

それに、落札した人は他人より速く、そして店に並ぶなどの手間暇をかけず、その商品を自分が望んだ金額で買えたわけですから、むしろ満足しているはず。

しかし「いい人」は、こういうことを思いもつかないし、行動することもできません。ずるいと感じ、周囲から白い目で見られるのではないかと恐れるからです。そのため、儲けている人が妬ましくなる。自分ができないことで他人が儲かることに我慢ができなくなる……。

そんないい人をやめれば、もっと自由な発想ができます。もっと自由に行動できます。それは結局、より多くのチャンスを手にすることができるということではないでしょうか。

◉結局ちょいズルのほうが快適な生活を送れる

再び私の例で恐縮ですが、子どもと一緒に外食するときは、最初に「小さい子どもがいるのですが、入って大丈夫ですか？」と聞くようにしています。

これは暗に「お店に迷惑をかけるかもしれないけど、了承してくれますか？」というアピールなのですが、確認を取ったがゆえに、どんなに散らかして汚しても、お皿を落として割っても怒られることはないし、弁償を求められることもありません。

だから「小さなお子さんはちょっとご遠慮させていただいています」という店にはもちろん入りません。

また、私は甘い食べものが苦手なので、コース料理の際に「デザートはいらないから別の料理にしてもらえないですか？」と交渉することもよくあります。もちろんダメ元なのですが、半々くらいの確率で替えてもらえます。

さらに私は、歩いているときはほとんど信号を守りません。自分で安全だと判断したら赤信号だろうと平気で渡ります。私はせっかちなので、車も何も走っていない横断歩道でボーっと待つのが我慢できないからです。

「お前はなんてけしからんヤツだ！」と感じたかもしれません。もちろんこれを真似をしろということではありません。**他人の目を気にするのをやめて自己主張できると、さまざまな場面でトクをする**ということを、ちょっと極端な事例で示したかったからです。

もっとも、「そこまでしてトクなんてしたくない」「強欲だ」「リスクが大きすぎる」という人もいるでしょう。それはそれで本人の判断であり自己責任です。そういう判断を私は否定しません。

とはいえ、何か問題が起きても、拒否されても、自分で責任を取るという覚悟があれば、他人の目を気にすることなく堂々と自分のメリットを追求できます。

野菜の袋詰め放題だって、ビニール袋からはみ出したり、そのビニール袋を引っ張って伸ばして広げて入れたりすれば、袋が破れたり店側からNG判定されるリスクがあります。でも成功すれば、控えめな人よりもトクすることになりますよね。それも含めて自己責任ということです。

また、**人間社会は交渉の連続です。いい人は交渉ごとに弱く、自分に不利な条件を飲まされることが多いのですが、逆に上手に交渉して自分に有利な条件を引き出せる**

のが「ちょいワル」の人です。

もちろん交渉とは本来、WIN-WINを目指すのが理想です。たとえば八百屋でも「これ傷んでるからちょっと安くして」とか、「まとめて買うからちょっとおまけして」というのもWIN-WINの交渉です。

しかし、ちょいワルは相手の足元を見てさらに踏み込むことができます。

ある取引先が倒産寸前で、すぐに現金が欲しいという状況であれば、安く買い叩いてその商品を転売すれば大儲け。この場合、取引先の足元を見て安値で叩いたとはいえ、取引先もまとまった現金が入ってうれしいでしょう。

実際、リーマンショックの直後、私の知人の不動産会社の社長は、新築分譲マンションを当初の販売価格の2割から3割の値段で現金で買い叩き、それを販売価格の半額セールにして即座に転売、巨額の利益を上げました。相手の業者も当初予定より少ないとはいえ、現金が入って倒産は免れたようです。

「相手の足元を見る」のはワルではありますが、結果的には相手も喜ぶことなので「ちょいワル」というわけです。

28 「正直すぎる」のをやめる

やめられない人

バカ正直で、相手をがっかりさせる。

やめられた人

ウソを上手に使いこなしチャンスをモノにする。

ウソをつくことは良くないことだと思うかもしれませんが、犯罪ではないレベルで自分が有利になるように誘導するウソは、一般的には駆け引きと呼ばれます。**駆け引きとは人間心理の理解でもあり、これで稼ぎに大きな差がつきます。**そしてちょいワルの人はその理解が深く、自分の仕事やビジネスに応用しているのです。

◉ちょいワルは期待値からの下振れを演出して自分を守る

たとえば、子どもは自分を守るため、こんなテクニックを使います。

「お母さん、ごめん、テストの点数が最悪だったんだ……」

母親は相当悪いんじゃないかと覚悟しつつ、「まあ、何点だったのよ」と聞くでしょう。そこで「98点だったんだ」と言えば、「なによ、すごいじゃない！」となるはず。

「うんでもね、それは国語で、算数は60点だったんだ」と言えば、「そう。まあいいじゃない、次にがんばれば」と母親からの叱責をかわそうとするといった方法です。

つまり、期待値からの上振れや下振れを演出することで、自分が不利な状況から避けることができます。

これは仕事でも使える考え方です。あなたが上司の立場で、「今度のボーナスは期待しておいてくれ」と煽っていながら、実際の金額が10万円だと、「何が期待しておいてくれだ！」と部下からブーイングを受けるでしょう。

しかし、「今度のボーナスはすまんが雀《すずめ》の涙で、飲み代程度にしかならないかもしれない」と期待値を下げておけば、10万円のボーナスを見たとたんに「おっ！　やった！　思ったより多いじゃん！」となるかもしれません。


相手から「悪い知らせです」と言われたら、普通は何事かと身構えるものです。あなたが部下に対し「みんな、今日は非常に悪い知らせがある」と言えば、部下はリストラか何かではないかと恐怖が全身を走るでしょう。

しかし直後、「社員旅行の行き先がハワイから熱海に変更になったんだよ」と告げられれば、「なんだ、ビビったよ」と安堵となり、旅行先のグレードダウンに文句を言われるリスクは低くなります。


今度はあなたが上司に「部長、悪いお知らせです」と伝えます。すると上司は「自分に火の粉が降りかかるような何か重大なヘマをやらかしたのか」と緊張します。

しかしその内容が、「取引先から1割の値引きを要求されたのですが……」であれば、上司は「なんだ、そんなことか」とホッとし、「わかった、その条件で進めてくれ」とうまく着地できる可能性が高まります。

しかし、「いい人」はこの逆をやってしまいます。悪いことを「いや、大したことではないんですが……」と悪くないようにごまかそうとするから、「ばかやろう、きちんと交渉してこい！」となるのです。

これも状況や相手との関係で臨機応変に対応する必要はありますが、ちょいワル精神でウソ・はったりをかますことで、快適な生活を守ることにもつながります。

◉迷惑をかけることを恐れない

お金持ちや成功者は、人格的にも洗練され、誰に対しても慈愛の気持ちを持ち、思いやりも品格もある人格者だ、と思っている人もいるかもしれません。

しかし残念ながら、現実は違います。

たしかに先祖代々の大富豪ならそういう人もいるのかもしれませんが、一代で財を成した成功者やお金持ちでは、そんな人はレアケースです。

ほぼ例外なく、アクが強く、変わっていて、自分勝手で、周囲を振り回すという、はた迷惑とも思える存在です。もちろんその中には「かわいげがある」「憎めない」人物も多いですが、常識人から見ると、おそらくあまり好きになれないタイプの人種ではないかと思います。

いい人は、価値があるかないかを決めるのは、自分ではなく他人という意識が根底にあるので、自分の意見やアイデアよりも、他人の評価を優先する傾向があります。

そのため、「そんなの無理」「面白くない」「誰でも思いつく」「実現可能性がない」「そんなの意味あるの？」「売れるの？」「誰が買うの？」などと周囲から反対されたらすぐにあきらめてしまいます。

また、嫌われないこと、好かれることを重視するため、周囲と摩擦を起こしてまでも自分の信念を貫くことができません。

人から「こう思われてはいけない」という思い込みや「こう思われるんじゃないだろうか」という不安から、周囲が驚くような大胆な決断や、非常識と思える行動を取ることができません。だから、成功しないのです。

しかし、**ちょいワルの人は、周囲との軋轢《あつれき》を恐れず、周囲に迷惑をかけてもひるまず、大胆な決断をし、自分の信念を貫くことができます。**

たとえば、コンビニの王者セブン‐イレブンも、鈴木敏文前セブン&アイホールディングス会長が、周りの反対を押し切って始めたビジネスです。アップル創業者の故スティーブ・ジョブズも、わがままばかり言って社内を振り回していたというのは有名な話です。

もちろん本物のワルになれば警察のご厄介になるためお勧めできませんが、成功のひとつの素養は、「いい人」をやめ、「ちょいワル」になることです。

第5章

恋愛

29

「相手に合わせる」のをやめる

やめられない人

尽くしてしまう。服従してしまう。

やめられた人

経済的にも精神的にも自立できる。

いい人は、人から嫌われることを恐れます。相手に捨てられるのが怖いので、無意識のうちに相手に迎合したり、必要以上に尽くしたり、相手に服従したりします。

しかしそれがもしずるい相手であれば、その気持ちを見透かされ、利用され、捨てられるリスクが高くなります。「どうせあいつはオレからは離れられない」「向こうから別れを切り出すはずがない」と見下されるからです。

いい人がなぜそうなりやすいかというと、相手に依存しているからです。依存というのは、経済的なものと精神的なものがありますが、ここでは経済的依存について話を進めます。

たとえば専業主婦やヒモ男は、経済的に相手に依存しているから、いなくなると困る。だから本当は別れたくてもできない。捨てられたら生活ができないから相手に媚びて服従する。しかしこれでは奴隷同然で、自分の人生を生きている実感を得ることは難しいでしょう。

企業でも、元請けと下請けの関係のように、元請けから降ってくる仕事に依存していると、取引条件は自分で決められない。自分の生殺与奪権を握っているのも元請けです。

つまり極端な言い方をすると、**人間関係において主導権を握るのは、自分から「別れてもいい」と言える側**です。それで困る側が「あなたの言うとおりにしますから別れないでほしい」となる。

仕事関係でも、「取引を打ち切ってもいい」「その仕事は断る」と言える側が商談の主導権を握っています。「いや、それは困ります」という側は、相手が提示した条件に従うしかありません。それは当然、足元を見られ、自分が不利で相手が有利な条件を飲むことになります。

◉成功体験を積む

これを防ぐには、本来は精神的な自立が必要です。相手とは対等な立場であるという認識を持ち、相手への依存をやめ、自立することです。

「自分を押し殺してまで関係を維持する必要はない」「相手との関係が終わってもなんとかなる」という心の強さですが、「いい人」がこの力を獲得するのは容易ではありません。

そこで、**まず欠かせないのは、経済的な自立です。「自分でお金を稼ぐことができる」というのは、精神的な自立にもつながるから**です。

イギリスでは18歳になったら親元を離れて生活する慣習があるそうですが、自分の生活を自分だけの力で構築することが生きる自信となり、経済的自立と精神的自立の両方を促す効果があるのでしょう。

だから専業主婦でもヒモ男でも、相手と対等に自分の意見を主張し、自分の人生のハンドルを自分で握るには、ごちゃごちゃ言い訳する前に、とにかく働いてお金を稼ぐことです。

もうひとつは、**「複数の選択肢を持っておく」あるいは「選べる能力を獲得する」こと**です。

自立できない人は、選択肢がつねにひとつしかありません。仕事はひとつ、取引先がひとつ、収入源がひとつ、住む場所がひとつ、といった具合です。だから不自由であり、窮屈な生き方を強いられます。

しかしもし、複数の選択肢があり、自由に選べるとしたら？

たとえば、英語ができれば、「日本の会社にしか就職できない」状態から、「日本でも就職できるし、世界でも就職できる」「取引先は全世界が対象」となるでしょう。住む場所を選ぶことができれば、自分の都合やライフスタイルの変化に合わせて最も便利で有利な場所に引っ越すことができます。

ほかにも、あの会社との取引を打ち切られても、事前に別の取引先を開拓しておけば問題ない。今つきあっている人と別れても、ネット婚活など新しい出会いをつくる方法を知っておけば対応できる。

そうした自信も、依存心から脱却する礎《いしずえ》になります。

30

「感情を隠す」のをやめる

やめられない人
好意が伝わらず、不安を感じさせる。

やめられた人
二人の関係をどんどん深められる。

「いい人」は、嫌われることを恐れ、相手に合わせるだけで自分の感情を出さないので、周りからは何を考えているかわかりにくく映ります。

これは男女関係でも同じです。いい人は、拒否されたり嫌われたりして、自分が傷つくことを恐れます。

だから、会話をしていても、本音が見えません。デートをしても、主張しないから本心では何がしたいのかわからない。

すると相手は「自分に興味がないのでは？　デートが楽しくないのでは？　無理してつきあってくれているのでは？」と不安を感じるようになります。

そうして相手はあなたの感情を汲もうという労力が面倒になったり、一緒にいても退屈になったりして、「いい人なんだけどね」と離れていってしまう、ということが起こります。

まじめで誠実ないい人であろうとすればするほど、相手の懐に飛び込むのを恐れる。しかし、踏み込んだ言葉や行動を取らないから、二人の距離が縮まらない。だからいい人ほどそれ以上の恋愛感情に発展することもなく、消滅してしまいがちです。

「相手も好意を持ってくれているな」と感じれば、「今夜電話するね」「今度はどこに行きたい？」とこちらから誘ったり、頃合いを見計らって「手を握ってもいい？」などと伝えることで、相手も自分のことを意識するようになるでしょう。

ときには怒るフリをしたり、相手の気持ちを引こうと駆け引きもする。相手が自分のことを好きになってくれていると実感が湧けば、自分ももっと気になり相手に惹かれます。そんな気持ちを確かめ合いたいと思えば、「好きだ」「つきあおう」といった言葉を口にするでしょう。

自分が相手に好意を持っていることを示せば、相手もあなたのことを異性として意識します。もちろんそこで「あなたのことはそんなふうに思えない」といった結果になることもありますが、人はやはり「愛されている」ことに喜びを覚え、その人のことを好きになりやすい傾向があります。

だからそうした言葉と行動を交えた感情のやりとり、興奮の高まりが二人の気持ちを近づけるのです。

◉ネット婚活で場数を踏む

もちろん経験不足によって、アプローチの仕方がわからないとか、異性とのつきあい方に慣れておらず不安感があるために、自分からアプローチできないこともあるでしょう。

しかしアプローチしてみなければ、相手がどういう反応をするかわからないから、自分のアプローチが良いのか悪いのかすらわかりません。

たとえば自分の発言で相手がけげんな表情をしたなら、さっきの言葉は不適切だったとわかる。でも言わなければその判断ができない。

だから異性への接し方という経験が積み重なっていかず、いつまでもただの友達としての関係しかつくることができない……。

しかし現代は、ネットによるコミュニケーションが一般的になったことから、こうしたアプローチが非常に簡単にできるようになりました。

その方法のひとつは、恋活サイトや婚活サイトを利用することです。出会い系サイトには、怪しいとか犯罪に巻き込まれやすいという印象があるかもしれませんが、とくに大手企業のサービスであれば、登録手続きが非常に厳しく、クレジットカードや身分証明書による本人確認、独身証明書や収入証明書の提示など、安全性や信頼性確保の仕組みが徹底しています。

また、会員間のメールのやりとりを人間の目で監視し、商品を売りつけるデート商法をする業者や結婚詐欺といった悪質な会員を排除する努力が行なわれています。

相手がどんな人かわからないナンパや婚活パーティーなどよりも、むしろ安全と言えるでしょう。

そんな婚活サイトでは、実際に会うまでは恋愛シミュレーションゲームと同じ感覚で気楽に取り組むことです。

そう考えれば、仮に相手から返事が返ってこなかったり、途中でやりとりが消滅しても、傷つく必要もないからです。そもそも、会ったこともない人とのメールのやりとりにすぎないのですから、どんどん声をかけていけばいい。

それにオンラインの段階では、会いたいと思える人を探す行為ですから、メールのやりとりがなくなっていくことは、自分にフィットしない人をふるいにかけるのと同じこと。それはむしろ効率が良いと言えます。

もちろん実際に会ったとしても、一度きりで終わってしまう相手もいれば、次の約束をして関係を深められる相手もいるでしょう。

しかしその過程で、自分が投げかける言葉や行動に対する相手の反応をよく観察し、「こうすれば嫌がられる」「こうすれば喜ばれる」という引き出しをたくさん得ていくことができます。

何にどう反応するかは人によって異なり、時には正反対だという人もいますが、その蓄積は相手の気持ちに対する洞察力となり、応用が利くようになるものです。

日本には未婚女性も未婚男性もそれぞれ1000万人以上いると言われていますから、毎日新しく一人とデートしたとしても、全員に会うには2万7000年もかかります。

それぐらいたくさんの異性がいるわけですから、仮に数人に拒否されたとしても、リセットして次に行くほうが生産的ですし、その経験を活かせば次はもっと良い恋愛ができるようになるのではないでしょうか。

31

「束縛する」のをやめる

やめられない人

「重い」と振られてしまう。

やめられた人

お互いに信頼できる、尊重できる関係になる。

恋人ができたらできたで、自分から破局に導いてしまうのも「いい人」の典型的な失敗パターンです。

いい人は、「いつか捨てられるのではないか」「相手が浮気しているのではないか」という不安にかられます。自分が愛されていることをつねに確認しないと気が済みません。

相手がスマホをいじっていると「何してるの？」「誰とやりとりしているの」と気になるし、連絡がつかないと居ても立ってもいられず、「何やってたの？」「なんで電話に出ないの？」と問い詰めます。

あるいは「いますぐ来て」「私のことを好きなら〇〇できるでしょう？」と相手を振り回すことで自分への愛情を確認しようとします。

しかし、そのようなずっしりとした重い愛情表現では、たいてい相手をげんなりさせます。

たまのヤキモチ程度ならまだかわいげがありますが、切実感たっぷりの感情を浴びせられ続ければ、多くの人は息苦しくなり、もがいて抜け出したくなります。

わがままな態度で振り回されればいずれは疲弊し、相手を受け止め続けられるか不安になります。

自分を縛ろうとする相手との未来を想像したときに、将来、楽しい家庭が築けそうだというイメージを持つこともできず、むしろ暗鬱《あんうつ》な気分になるでしょう。

◉束縛するのは自分が安心したいだけ

そもそも**相手の浮気を疑ったり束縛したりすることは、愛情表現ではなく自己中心的な人の行動です。相手を大事にすることよりも、自分が安心することを優先したい気持ちの表われであり、自分のことしか考えていないからです。**

そのため、こうした人が幸せな恋愛を続け、結婚を果たすには、自分が安心したい欲求をどこまで制御できるかにかかっています。

「浮気しているんじゃないか」と問い詰められるのも、最初のころは「やきもちをやいてかわいい」と思うでしょう。

しかし1日に何度も、それが毎日繰り返されると、だんだんうっとうしくなります。同じ相手は「いつまで経っても自分のことを信用してくれない」と不満に感じます。同じ質問を繰り返されると誰でもイライラするものです。やがて返事をするのも面倒になり、「もういいかげんにしろよ」と怒りに変わります。

仮に恋人同士で同棲していても、相手には相手の予定や人間関係があります。友人、会社の同僚、仕事の取引先とのつきあいもあるでしょう。自分一人で考えたり趣味に没頭したりしたいかもしれません。

にもかかわらず、いい人はそうした相手の都合はおかまいなしに自分の欲求を満たそうとします。まともな相手であれば、こんな人から離れていくのは当然です。

そして相手から別れを告げられたとき、話し合おうとするどころか、逆上したり泣き叫んだりしてすがりつきます。

彼らは、誰かに認めてもらうことで自己を肯定し、自分の存在価値を認識しようとしますが、別れとはそれを否定されるということであり、心身が切り刻まれるほどつらいことなのです。

だから、感情的になり尋常とは思えない行動に出ます。理性をつかさどる脳の前頭葉の働きがマヒし、善悪の区別すらつかなくなってしまうからです。

たとえば、別れ話がもつれて刃傷沙汰になったとか、逃げる相手の車のボンネットにしがみついて事故を起こしたとか、そういった事件を起こすのもこういう人です。

しかしそうした姿は滑稽で、相手はむしろ引いてしまいます。「まともじゃない」と感じてしまいます。

「別れないでほしい」と伝えるのが悪いということではなく、思い通りにならないからといって、ただ自分の感情を爆発させ異常な行動に出るという、その「自己中」ぶりに引くのです。

◉関係維持には相手を信頼し、尊重する

自分を大切にしてくれない相手のことを大切にしようと思える人はそう多くありません。だから**自分を大切にしてほしいなら、まず相手を大切にすること**です。**笑顔で話しかければ相手も笑顔で返してくれるように、人は自分を映す鏡の側面を持っているから**です。

そして相手を大切にするというのは、かいがいしく尽くすことではありません。自分の恋愛パターンを相手に押し付けることでもありません。

相手を信頼し、尊重することです。しかしこれが思いのほか難しい。相手には相手の価値観があり、時間軸があり、空間がある。もちろん自分のそれと異なることもある。その違いを受け入れられるかどうかは、自分の度量によるところが大きいからです。

ひとつの方法としては、**相手の表情や反応をよく観察すること**です。よく観察すれば、自分の言動が相手にどう受け止められているか、ある程度は読み取ることができるものです。

逆に、相手の表情や反応を読み取ろうとしないのは、相手に関心がないということと同じです。だから、自分の気持ちを優先させ、押し付けてしまうわけです。自分の思い通りにならない相手に対してイライラしてしまうのです。

だからもし恋愛が長続きしないという場合、自分が安心するための態度になっていないか、今までに送ったメールを読み返したり、相手が困惑したり怒ったりしたときの自分の発言を振り返ってみることです。

32

「感情を抑え込む」のをやめる

やめられない人

自分の感情を疑い、長続きしない。

やめられた人

相手と一緒に「ドキドキ」を感じられる。

いい人の恋愛が長続きしないケースに、「この人が大好き」という感情を持てない場合があります。

自己肯定感が低く自分のことを好きになれないせいで、その感情も本物ではないと感じてしまうのです。すると、自分が相手のことを好きなのかどうか、いや、そもそもこの感情が愛なのかすら、よくわからなくなってしまうのです。

過去の恋愛をまだ引きずっているとか、自分の親との確執があるとか、さまざまな理由はあるのですが、自分の本心を隠す「いい人」にもよく見られる傾向です。

そしてこの場合、自分の気持ちがわからなくなって自分から別れを切り出すパターンと、相手がそんな思いを敏感に感じ取り、離れていくパターンがあります。

いずれにしても、相手に対する欲求が希薄で、強引に誘ったり、まめにメールの返信をするといったモチベーションが沸きません。デートをしていても空虚さを感じて楽しそうに振る舞えません。

そんな自分だから、相手に申し訳なくて心苦しくなるし、相手も「自分といてもつまらなそう」「自分のことをそんなに好きではないのでは」と感じ、最後は破局、という道をたどります。

◉喜楽の感情を思いっきり出せる体験をする

こうした恋愛不感症から脱出するには、たとえばパートナーと一緒に非日常の体験をすることと、そのときに自分の感情を素直に表現することです。

いい人は、自分の感情を内に抑え込んでしまうクセがありますから、それを解放するきっかけが必要です。

それには、大声で叫んだり驚いたり笑ったり感動したりすることが効果的で、たとえば遊園地のジェットコースターやお化け屋敷などの行楽施設、ラフティングやパラセーリングといった迫力のあるアウトドアのアクティビティ、プラネタリウムや動物園・水族館など感情を揺さぶられる場所が思い当たります。

そして、その**ドキドキを一緒に感じられる相手がいる、自分が笑えば相手も笑ってくれる、自分の感情を出しても相手は受け止めてくれるという安心感を実感すること**です。

それを積み重ねていくことで、相手と本音で向き合える基礎ができていきます。それで楽しくないとしたら、その相手とは相性が合わないということなのかもしれません。

33

「尽くす」のをやめる

やめられない人　重く感じられ相手に飽きられてしまう。

やめられた人　**対等な関係を築くことができる。**

恋愛で捨てられやすいのは、尽くすタイプです。尽くすのも「いい人」が陥りがちな行為で、相手からの愛情を欲するがあまり、気を引くため献身的に世話をするのです。頼まれてもいないのに自分から積極的におごってあげたり、何かあるたびにプレゼントをしたり……。

しかし、相手が持っている感情よりも強い愛情で尽くし続ければ、相手はしらけて傲慢になります。尽くされ続けると、いずれ飽き、ありがたみもなくなるものです。すると、まともな相手からは重く感じられ、ずるい相手には利用されるだけになりがちです。そして不幸の多くは、ずるい人に利用された場合に訪れます。

相手の都合の良いときに呼び出され、雑用をやらされ、家事をさせられ、買い物でおごらされます。貢いだり貢がされたりしてしまうのもいい人の典型例です。

相手の気を引きたいが、自分の人格には自信がないため、お金でつなぎとめようとします。安易にお金を貸したり、相手の借金を肩代わりしたりします。

新興国の若い女性に入れあげて会社のお金を横領するというニュースがたまに報道されますが、こうした事件を起こすのも愛情飢餓感が強い尽くすタイプです。

あるいはデートでも、「このワイン、たのんでもいい？」と言われて断れない。プレゼントをねだられて断れない。しかし、相手は食事やプレゼントを目当てにしているので、お金が尽きたらそこで終了。結局振られてしまうことになります。

振られたあとになって初めて、自分が利用されていることに気がつく人もいれば、気がつかない人もいます。いずれにせよ、途中でＮＯと言えないがゆえに、ずるずるとお金を失ってしまうのです。

さらに、尽くすタイプは相手に服従してしまいがちです。相手の言うことはなんでも聞く、やめてと言えない。反対できない。いわゆる隷属《れいぞく》といった関係です。

相手に浮気されやすいのもこういう人で、失いたくないがゆえに、浮気の確証があっても相手の言い訳を信用するという妥協行動に出るからです。

しかしそれは浮気を認めていることになり、ずるい相手を増長させるだけ。結局同じことが何度も繰り返されることになります。

◉相手と同じテンションを保つ

そうならないようにするには、やはり自分の交友関係を広げ、「異性はたくさんいる」

という現実を知り、「よい関係を築ける異性はほかにもいる」という自信（というか思い込み）を強く持つしかありません。

そして、人間の感情をよく理解し、相手をよく観察することです。

なんでも自分の思い通りになれば、人は傲慢になります。自分がしてあげられる以上のことをしてもらったら、心理的な負担感を覚える、というのは理解しやすいと思います。だから尽くしすぎはむしろ関係を壊すということを知る必要があります。

もうひとつ、**対等な関係を維持するには、相手と同じテンションで接することができるよう、相手の熱量（感情の強さ）に合わせて自分を制御すること**です。

自分はそれほど盛り上がっていないのに、相手の恋愛感情のほうが強い場合、重く感じて困惑することでしょう。逆に自分はすごく好きなのに相手がそうでもなさそうな反応だと、逆に不安になるでしょう。

お互いの熱量が違いすぎると、それが違和感となってうまくいかないことがあります。だから、相手より自分のほうが好きという場合は、時にはちょっと引いてトータルの熱量を平準化し、相手の恋愛テンションと拮抗させることも必要です。

また、ずるい相手に騙されないためのひとつの見分け方があります。

たとえば、あなたが相手を高級料理店に連れて行ってあげたとします。あなたが普通の会社員でそれが何度も続けば、まともな相手なら「無理してるな」と気がつき、「こういう店でもいい」などとフォローしてくれるものです。あなたを大切に思っている相手であれば、そのくらいの気配りはするものです。

逆にそうした配慮がなければ、残念ながらあなたは利用されているだけの可能性があります。

もちろん、いきなり場末の居酒屋では引かれるかもしれませんが、高級だから好かれるとは限りません。むしろそうでない店に連れて行ったときの相手の反応で、あなたが背負える人物かどうかがわかるでしょう。

●泥沼の共依存に要注意

ただし、相手も愛情欲求が強い人の場合、相手を服従させることで「自分は偉い」と自分の価値を確認しようとするタイプもいて、献身と支配の組み合わせは一見うまくいくように見えがちです。

しかしこれは愛情を確認する方法が似ている「共依存」であり、依存し合うがゆえにお互いに離れられないという関係です。

私も数多くの夫婦関係を見てきましたが、共依存カップルはともに似た者同士の「いい人」です。そして共依存ゆえに双方が相手に寄りかかり、その状況を変えようというインセンティブが働かない。ゆえに自分の殻を破れずこじんまりとした人生になってしまうのも、こういう関係の人たちなのです。

これは良い悪いの問題ではなく、本人たちが幸せならばそれでＯＫですが、とくに**貧困家庭の多くは、この共依存関係から抜け出せない夫婦**であることがよくあります。

また、次章でも紹介しますが、貧困が連鎖しやすいのが共依存の親子です。いわゆる「引きこもり」や「ニート」も、親子ともにあきらめと心地よさが同居しているために起こります。

親は子を家から叩き出すほどの勇気はなく、子も働かなくてもなんとかなる状況ゆえに「仕事をしてお金を稼がなければならない」という動機が生まれにくく、ずるずる年月が過ぎていってしまうのです。

34

「自分の価値を認めてもらう」のをやめる

やめられない人

「ずるい異性」にひっかかってしまう。

やめられた人

「誠実な異性」を引き寄せる。

いい人は、「ずるい異性」にひっかかりやすい傾向があります。ＤＶ（ドメスティックバイオレンス：家庭内暴力）男や、結婚詐欺、嫉妬心の強い粘着質な異性、浮気癖や浪費癖のある異性を引き寄せることがよくあります。

それにはどのような背景があるのでしょうか。

「いい人」は、あらゆる価値の源泉が自分の外にあり、他人に認められることでしか自分の価値を認識できない。だから嫌われたくない、好かれたい。相手がどんなにずるい人間であっても、認められたい、必要とされたい。利用されていても、自分を必要とする人の存在を失いたくない。

自分がないので、言い寄られると好きになる。言い寄られるということは、相手が自分のことを価値があると認めてくれているということであり、それに舞い上がる。

この人は何の目的で自分に近づいてきたのか、どんな人間性なのかといったことを、疑ったり考えたりということに思考が及ばない。

彼ら彼女らは、言い寄られると、「こんな素敵な人はいない」と思い込んでしまう。自分の価値を認めたいがゆえに、「この人は自分がいないとダメなのだ」と思い込むことで安心しようとするのです。

もちろん全員がそういうわけではありませんが、こうした心理的な背景はよく見られます。

また、不倫に陥りやすいのもこのタイプです。

愛情飢餓感の強さが、相手の目的やウソを見抜く目をくもらせるからです。自分に好意を持っている＝自分を必要としてくれているその相手はすばらしいという判断になってしまい、愛情を注ぐ相手、体の関係を持つ相手を選ぶことに無分別で、極端な話、やさしくされると誰でもいいのです。

そんな弱さをずるい相手に利用され、男をたぶらかしてきたような女の演技、ただやりたいだけのナンパ男のトークに、ホイホイとひっかかる。「もうすぐ離婚するから」という相手の言葉を鵜呑みにし、気がついたら何年も経って婚期を逃す。そして最後は捨てられる、というよくある典型的なパターンです。

こうした状況を防ぐには、これもなかなか難しいことではありますが、自分の意志をはっきり表明することに尽きます。

イヤなものはイヤ、ダメなものはダメ、二度目はない、こうしてほしい、やめてほ

しい、そういった感情を明確に伝えることです。

仮に不倫をするなら、相手の状況を直接確認し、言葉ではなく行動で信用できるかどうかを見極めておくこと。相手も二股なのだから、自分も二股三股を前提にして、「その人しかいない」状態を避けること。そして、デッドライン（この日までに離婚できなければ別れるという期限）を決め、ずるずると人生を浪費しないことです。


ずるい異性は、あなたのそうした意思表示を「面倒くさい男（女）」と感じて去っていく、あるいは最初から近づいてこないものです。

自分というものをしっかり持っている人には、ずるい目的を持つ人間を寄せ付けない雰囲気があります。凜としているので近づけない、騙せない、利用できないと映るからです。

そしてこれは悲しいことでも何でもなく、むしろ人生の損失を避けられたという意味で、とても幸せなことなのです。

◉なぜすぐに体を許してはいけないのか

いい人は、愛情に対する飢餓感が強いため、自分を必要としてくれているという実感を求めます。そのためとくに女性の場合、すぐに体を許してしまい、利用され続けた挙句、結局は捨てられるという人が少なくありません。

そもそも相手のことを心から好きになるには、ある程度の時間が必要なものです。つきあってすぐ別れても心の傷は浅いですが、深くつきあってから別れるのは大変なストレスになるように、単なる好意から愛情に変わるまでは時間がかかります。

たとえばこんな経験はないでしょうか。

デートをして、それを思い出して余韻に浸る。メールの文面を必死に考える。相手からの過去メールを何度も読み返してはニヤニヤする。返事が来ないと嫌われたのか、何がいけなかったのかと悶々とする。

次はどこに誘おうかと調べる。ドキドキしながら手をつなぐ。もうキスしていいかな、まだダメかなと迷う。初めてのキスに感激する。ケンカをして反省し、仲直りする。

また何度かデートを重ねる。相手のしぐさや反応を見ながら、そろそろ深い関係になれるかな、と考える。家に帰っても、早く抱きしめたいと思うようになる。体に触れたくてたまらなくなる。どうすればそういう雰囲気に持ち込めるか考える。身体の関係を持つシーンを想像して居ても立ってもいられなくなる。

そうやって、**相手のことを思う時間の積み重ねによって、相手のことを本当に大事だ、好きだ、という思いが強まっていきます。相手のことを考える頻度と時間が、相手に対する強固な愛情を形成していくのです。**

しかし、いい人の女性は、男性側にこうした感情が形成される前に体を許してしまいます。

女性に対する「好き」という気持ちがまだ成熟していないタイミングで男の本能が満たされてしまうと、前述のように悶々と考える必要がなくなります。

男性は自分は好かれているという自信を持ちますから、どうすれば相手の女性から好かれるかを考える必要もありません。

そして愛情が強くない段階で、最も高いはずのゴールを容易に達成してしまったために、相手のことを大事にしたいという思いより、「やりたいときにやれる」という発想になりやすいのです。

だから基本的には、じらしてでも時間をかけ、あなたのことを考える時間を蓄積させなければなりません。あなたに対する気持ちが盛り上がって熟成するまで、最後の一線を超えてはならないのです。

本当に好きで好きでたまらないというタイミングになれば、体の関係を持つことは、お互いに深い満足を覚え、精神的な関係をも強固にさせるもの。

それにはやはり、少なくとも1か月くらいはかかるのではないでしょうか。

もちろん、男女の関係にはさまざまな形があるため一概には言えません。意気投合して出会ってすぐ体の関係になっても、幸せになったカップルもいるでしょう。また、お見合いなど結婚を前提の出会いであれば問題ない場合もあると思います。

しかし**一般的な男性心理を紐解けば、早すぎる関係は便利扱いまっしぐらの危険性をはらんでいます**。もしそういうケースが多いかもしれないという人は、自分にルールを課すことです。たとえば10回デートをして、自分のことを大事にしてくれると確信したらＯＫするとか、どんなに求められても2か月は絶対に拒否するとか。

それで怒ったりするような男性なら、おそらくダメンズの可能性が大だというリトマス試験紙にもなるでしょう。

35

「無理な関係維持」をやめる

やめられない人

合わない相手ともずるずるつきあう。

やめられた人

修羅場で関係を切り、
新しい活路を切り開く。

友達の断捨離は比較的容易だと前述しました（112ページ）。しかし配偶者や仕事上のパートナーなど、いったん深くなった関係となると話は少し違います。距離を置くだけでは簡単に逃げられないケースも少なくないからです。

たとえば離婚は、勝手に家を出ていけばいいというものではなく、勝手に離婚届を出しても認められません。法的に決着をつけなければ、人生の再スタートを切ることはできないのです。

あるいは誰かとお金を出し合って立ち上げた会社や事業から去る場面も、登記変更や契約書を交わすなどをしなければ、やはり法的なトラブルの懸念が永遠につきまとうことになります。

しかし、この断捨離はそう簡単ではありません。

相手が認めない場合やいがみ合っているとしたら利害が相反しているということですから、お互い納得しての合意はほぼ不可能だからです。

そのためこの**関係を「切る」には、「穏便に済ませる」という発想を捨て、「修羅場になる」という覚悟を持つこと**です。

また、相手が離別に反対している場合に別れようとするときは、相当な心理的ストレスがかかり、それを乗り切るのは大変であることを認識することです。

しかし「いい人」はそのストレスに耐え切れず、別れを断行できずに関係をずるずる続け、人生を棒に振ってしまいます。

ただし、**修羅場とは悪いことではなく、自分の活路を切り開くショック療法のようなもの**です。今までの嘘や隠しごと、我慢や偽りを捨てて、現実と向き合うためのイベントです。

それに、わだかまりを抱えたまま無理やり笑顔をつくって別れるより、むしろモメて別れたほうが気分もすっきりリセットでき、前に進む意欲となることもあります。

ちょっと極端な例ですが、自分と浮気相手がいるところに、本当の恋人もしくは配偶者が鉢合わせたら、これは修羅場になるでしょう。

しかしこれも、今まで自分がついていたさまざまなウソを現実に引き戻し、自分は誰が本当に大切なのか、相手は何を許せて何を許せないのかをはっきりさせるために起こることです。

もっとも、これはわかりやすく説明するための極端な例ですが、もし自分は関係を終えたいのに相手が拒否したら、それはあなたが相手からうまく利用されている状態かもしれません。

あなたとつきあっているとメリットがあると感じるから、相手は簡単に同意せずモメるのです。仕事関係でも、あなたとつきあっているからうまい汁が吸えるとか、専業主婦の妻が離婚を拒否するのも、相手がもたらすお金にしがみついているわけです。

暴力夫が別れたがらないというのもよくある話ですが、それは自分の感情を吐き出せる相手、暴力をふるう自分を受け入れてくれる相手を失うのが怖いからです。

だから修羅場になるわけですが、自分には非がないのに離別を拒絶してくる相手とは、もともと切ったほうが良かった人なのだと信じることです。

「逆境は乗り越えるもの、修羅場はくぐるもの、挫折は味わうもの」と私は考えています。逆境だからと恨み節を言って終わりではなく、修羅場を恐れたり避けたりせず、挫折したからといって落ち込まず、耳をふさぎたくなる自分を抑え、心の声に向き合い、しっかり自分の中で消化していく。

その経験が強い自分をつくる。他人や外界からの反応に振り回されにくい感情軸をつくることにつながると考えています。

第6章

再生産

36

「いい人の再生産」をやめる

やめられない人

「いい人」の価値観を子どもにも押し付ける。

やめられた人

自己が確立した子どもになる。

これまで紹介してきた「いい人」の在り方は、必ずしも悪いということではありません。誰でも、多かれ少なかれ、「いい人でありたい」という欲求は持っています。また、円滑な社会生活を送るうえで「いい人」であろうとすることは必要な資質であり、そうありたいというのも当然です。

しかし、その傾向が強すぎてしまい、「いい人すぎる」と、人間関係を窮屈にし、人生を息苦しくさせる不幸を呼び込んでしまいます。

ではなぜ、このような不幸な「いい人」になるのでしょうか。

多くの心理学者や精神科医が指摘するとおり、**幼少期や思春期の環境によって基本的な人格が形成されることが多いようです**。

たとえば、親から十分な愛情を受けずに育ってきたとか、親にほったらかしにされてきた場合、愛情飢餓感が強くなりすぎてしまうことがあります。

逆に、過保護な両親や周囲からのヨイショに囲まれてきたために自尊心が過大となり、「親からの愛情を失ってはいけない」「周囲からの評価を失ってはいけない」という強迫観念が強くなってしまうケースもあります。

あるいは、自分の考えや判断を尊重されず、「こうしなさい」「こうしてはいけない」

などと抑圧されて育ってきた人も同様の傾向があります。

すべて親が先回りするので、「親の言うことがいつも正しい。だから自分の考えには価値がない」と感じ、自分で考える機会を奪われて育った人もいます。

そうして、深く考える力、冷静に判断する力が低く、つねに感情的で、非合理的な行動をしてしまうようになります。


こうした親のくびきから逃れようとする人間の本能が、思春期にやってくる「反抗期」です。親の支配から解放され、自分の価値観で生きようとして、親に反抗するのです。もちろん反抗期がない子どももいますが、本来これは自立のための準備であり、必要悪なのです。

そしてこの反抗期をうまく乗り越えることができれば、親の呪縛から離れて自我が確立し、自分の人生を追い詰める「いい人」になるリスクは低減します。


しかし、子どもの反抗に対して、子の言い分に向き合わず、抑え込む・無視する・迎合するなど、親が適切に対処できないケースがあります。

対処できない理由は、**「いい人」の親もまた「いい人」だからです。親自身が愛情**

飢餓感が強く、自己肯定感も低い。だから自分の子どもにも同じように振る舞い、育てる。

こうして「いい人」は再生産されていくのです。

◉スマホ依存が愛着障害児を生む

また、いい人が再生産されやすい要因のひとつに、ＳＮＳの登場が挙げられます。前述のとおり、過剰な「いい人」は親の愛情を十分に受けずに育った愛着障害の場合が多く、周囲からの歓心を買いたい気持ちが強くあります。

その反応を得やすいのがＳＮＳです。つまり彼らはＳＮＳと相性がよく、愛情飢餓感の強い人には絶好のツールであると言えます。

そのため、フェイスブックなどでもリア充アピールに余念がなく、「いいね！」の数やコメントの有無が気になり、「いいね！」の数が増えているのを見ると安心します。ＬＩＮＥでもグループから外されないように、既読スルーに罪悪感を覚え、すぐに返事をしようとする。

すると、片時もＳＮＳをチェックしていないと気が済まない、だからスマホを手放せなくなる。

そうやって膨大な時間をＳＮＳに投下するものの、誰かとつながっている安心感や自尊心が満たされるだけで、リアル世界では何も動いていないから、人生は一向に好転しないということが起こりがちです。


とくに、ＳＮＳに長文を載せる人は、リアルの世界で承認が得られていないか不完全燃焼で自己実現感が得られていないかのどちらかの可能性があります。

彼らは自分が育っていないため、ＳＮＳ上で自分の思いを吐き出し、それを周囲から認めてもらうことで自分の価値を認識しようとします。

彼らの心は空虚であり、承認欲求を満たすためにネットに依存します。これはアルコール依存のように、空っぽな自分を満たすため、ずっと刺激を求め続ける行為です。

ネット依存症やスマホ依存症は、アルコール依存症などと同じく脳の病気だそうですが、スマホを取り上げると暴れる子が増えているなど、近年はこうした情報通信端末をめぐる家庭内の問題が大きくなっています。


そして、なぜいい人が再生産されるかというと、**親のスマホ依存によるスマホ・ネ**

グレクトが増えていることに起因します。これは、母親がスマホに夢中になりすぎて、赤ちゃんが泣いて「かまってほしい」というアピールをしても、無視してしまうという問題です。

心の土台がつくられる時期に、親子の感情のつながりが脆弱だと、子は家庭の中での自分の存在に対する安心感を得られません。自分を信頼できず、親も信頼できず、どうやって親とコミュニケーションを取ればいいかわからない。

すると、他人の気持ちがわからないとか、他人を操作しようとするとか、感情の抑制がきかない子どもに育ってしまいます。そうやって愛着障害児が大量生産されている可能性が指摘されています。

子どもは親との触れ合い方がわからないまま育ち、大人になって自分の子どもができても、やはり触れ合い方がわからない。もちろん愛情にも飢えていますから、同じように周囲からの承認欲しさに「いい人」を演じるようになる。

こうして「いい人」は継承され、繰り返され、再生産が行なわれていくのです。

37

「自分の本音から逃げる」のをやめる

やめられない人
幼少期のトラウマを引きずり続ける。

やめられた人
新しい思考体系を手に入れられる。

「いい人」が生まれる原因は、幼少のころの家庭環境の影響が大きいとはいえ、今さら親のせいにしても仕方ありません。本書を読んでいる読者は大人です。幼少期に原因があると言われても、もはや戻ることもできません。

では、もう抜け出すこともできないのかというと、もちろんそんなことはありません。戻ることはできなくても、抜け出すことはできます。

●息苦しさの原因をつきとめる

息苦しさから抜け出せない人のほとんどは、深く思考することが苦手です。だから感情に振り回されてしまい、解決方法を論理的に考えることができません。

自分の本音と向き合うのを恐れ、自分との対話を避けているため、いつまでも本当の自分がわからない。他人にも本音を見せないため、自分の言動によって起こる相手の反応を通じて、自分の振る舞い方を修正するということもできない。

だから解決方法は、その逆をすることです。

自分を縛るものや生きるのがつらいと思わせているものは、自分のどういう感じ方や考え方、捉え方なのか。事象や事実に対する捉え方を変えるには、自分の思考パターンを意識し、どう修正すべきかを、考える必要があります。

同じ状況に遭遇しても、平気な人もいれば傷ついて悩む人もいます。つまり、**自分を縛っているのは、状況を悪く捉えてしまう自分自身の思い込みや固定観念**です。

つまり、自分で自分を縛り、自分で自分を苦しくさせているのです。

◉自分の心と深く対峙する時間をつくる

自分で自分を変えるためは、自分の心と対話する時間を増やすことです。

自己との対話は、自分の本音を認めるのが怖いとか、考えたくないとか、面倒くさいといった自分との戦いでもあります。

その戦いに打ち勝たなければ、自分の感じ方、物事の捉え方はそのまま変わることはなく、つらい人生が続くだけです。

だからこそ、自分の本音に向き合う時間をつくる必要があるのです。

もし自分で考えても、思考が堂々巡りをしてうまくまとめられないという場合は、「感情日記をつける」という方法があります。

日記に文字として吐き出すことで、自分の感情や意識を可視化して、冷静に考えやすくなります。というのも、文字として自分から離れた瞬間に、それを客観視できるようになるからです。

たとえば、むかついた相手に対しての暴言を書くなど感情を吐き出すと、意外にすっきりします。その場で言えなかった悶々とした思いも、あとで反論を日記に書いてみると、こういう人には次からどう対応すべきか、冷静に考えることができます。

自分の中にもやもやとした思いがある場合、それは自分と一体なので客観的に捉えることは難しい。それを自分からはがして紙に移すことで、幽体離脱して自分を上から眺めるがごとく、より冷静に客観的に自分の感情と向き合えるようになります。

そこで次項からは、どのように自分の心と対話をすればいいのかについてご紹介します。

38 「べき論」に縛られるのをやめる

やめられない人 思い込みに縛られ思い通りに動けない。

やめられた人 **物事を自分に有利な状況に変えられる。**

私たちは、これほど便利で豊かな社会に生きているのに、なぜ生きづらく感じてしまうのでしょうか。

その理由のひとつは、**自分自身が考えている「こうあるべき」「これをしてはいけない」という思い込みに縛られているから**です。

とくに「いい人」ほど、社会の手本になるような、模範的な「あるべき論」「してはならない論」を強く持っています。

たとえば、「男らしくあるべき」「女らしくあるべき」という「べき」論があります。そういう発想が自分の行動を縛り、自分の思い通りに振る舞えない原因にもなっているのです。

でもそれは、他人から強制されたものというよりも、子どものころから刷り込まれた、見えない社会からの要請（という思い込み）にすぎません。

他人はあなたのことをそんなに見ていないのに、「こう思われたらどうしよう」という恐怖感に襲われ、自分が信じる「べき」論をかたくなに守ろうとする。

◉根拠のない「べき」に支配されている

口には出さなくても、「子どもの面倒は母親が見るべき」「家事は女性がするものだ」

と思っている人は少なくないでしょう。

だから女性は自分が働いていても、家事や子育ても両立させようとして疲弊します。

でも、家族の在り方はそれぞれ違うものなので、自分たちがもっとも快適で幸せな役割分担をすればいいはずです。手を抜くことが悪いわけでもなければ、他人からどうこう言われる筋合いのものでもありません。

しかし、多くの女性は家事育児の手を抜くことに罪悪感を覚え、「自分は悪いんだ」と自分を責めます。


あるいは前述のとおり友達は多くいるべきだ、友達は大事にすべきだ、友達がいないのは人として欠陥があるからだ、というのもやはり、子どものころから刷り込まれた思い込みです。

だから、一人でいるところを見られたら「あの人は友達がいない、寂しい人なんだ」と周りから思われるのではないかと恐れ、トイレの中に隠れようとする。

しかし、友達が少なく、仲間と呼べる人がいないことが、そんなに不幸なことなのでしょうか。孤独でいることが、そんなに悪いことなのかというと、前述のとおり全然不幸でも悪いことでもありません。

再生産

友達がいなくても人生を楽しんでいる人は大勢いるし、たとえば創業経営者には、「友達なんていない」という人は少なくありません。

しかし自分の中に「友達がいないのは人格に問題があるはずだ」という思い込みがあると、友達がいない自分を責めて、心苦しくなってしまうのです。

ほかにも、「同じ服を続けて着ることは恥ずかしい」という思い込みがあるから、毎日着ていく服に迷う。でも、朝に同僚から「あら、昨日と同じ服ね」と言われるだけで終わりです。その次の日には誰も覚えていないし、あなたの仕事には何も影響はないでしょう。

「大学に行っていない人間は落ちこぼれだ」という思い込みがあるから、高卒の自分にコンプレックスを感じる。でも、社会に出れば、学歴よりも問われるのは実力です。それに、人生80年の中の「18歳の春」という一瞬のタイミングのテストの点数だけで、人間全体を判断できるはずもありません。

インターネットと検索技術の進展は、「覚える」ことの価値を低下させ、激変する時代環境では多様性を可視化させ、「正解」という存在を抹殺しましたから、ペーパーテストの意味はほとんどないと言えるでしょう。

そんなふうに、本当は誰も気にしていないこと、どうでもいいこと、昔はそうだったかもしれないが現在はそうでもないことでも、自分の中に「こうあるべき」と思っているものがあり、それが自分を縛るプレッシャーや悩みの原因となっているのです。

◉「べき」論を捨てていけば、毎日が楽しくなる

もちろん、「べき」論が良い意味でのプライドとなり、前向きな努力につながるのであればよいと思います。

たとえば逆境にぶつかったときや、くじけそうになったときに、「オレはこういう場面でこそ、燃える男だったはずだ」と自分を奮い立たせる原動力になる、といった場合です。

しかし逆に、生きづらさや息苦しさ、人生への敗北感、未来に対して希望が持てないといった挫折感を感じるならば、自分の行動のよりどころとしている「こうあるべき」というのが、本当に大切で、自分の人生をより楽しくしてくれるものであるかどうかを、振り返ってみることです。

そして、**合理的な根拠のない「べき」を捨てていく。**

たとえば私の例で言えば、「起業したら上場を目指すべきだ」「雇用をつくり出すのが経営者の責任だ」「自分の代で終わるような事業は寂しい」「会社をつぶすのは良くないこと」といった「べき」があり、それが自分を苦しませることになりました。

私には、人を育て、組織を拡大するような資質や適性がなかったにもかかわらず、当時は自分に無理をして、自分に言い聞かせて、自分に合わない方向を追求していました。だからやがてつらくなり、従業員との関係、株主との関係に悩むようになったのです。

しかし、そういった枷《かせ》を外した今、私の心も身体もともに軽く、自由になれました。今は毎日がとても楽しく、夜は充実した気分で眠り、朝はワクワク感で目が覚めます。

◉悩みは自分が勝手につくり出している

ではどうすれば、そうした枷を外すことができるのか。ひとつの方法は、**その「べき」を守らなかったら、いったいどういう困ったことが起こるのかを、論理的・具体的に考えてみること**です。

再び私の例で恐縮ですが、私は会社をつくってうまくいかなかったらつぶすということに、なんの躊躇もなくなりました。

「会社をつぶした」というと、ぎょっとされるかもしれません。「そんなの悪いことだ」「大変な事態だ」と思うかもしれません。

しかし、論理的に考えれば、会社をつぶすのはただの手続きにすぎないということがわかります。事務所・店舗の契約を終了し、電話やネット回線を解約し、事務機器を売却・廃棄し、引き揚げる。法務局・税務署・社会保険事務所に廃業に関する書類を提出する。ただそれだけのことです。

人を雇っておらず、未払いの経費などもなければ、他人に迷惑をかけることもない。最初はぎょっとされても、人はすぐに忘れます。

同じように、その人から嫌われたら、どんな困ったことが起こるのか。そのグループから外れると、どんな困ったことが起こるのか。みんながＮＯと言っているのに、自分だけがＹＥＳと言ったらどんな困ったことが起こるのか。実は、困ったことなんてそう簡単には起こらないものです。

◉物事の捉え方を変える

もうひとつは、意識して物事の捉え方を変えることです。前述のとおり、そもそも問題そのものが悩みなのではなく、その人の受け止め方が悩みをつくり出しているケースがほとんどだからです。

同じ気温でも、寒いと感じる人もいればそうでない人もいます。

第一志望の大学に落ちたから不幸と考える人もいれば、第一志望は落ちたけど滑り止めに受かったからラッキー、と感じる人もいるでしょう。

いい人の多くは、他人が悩まないことに悩んだり、他人が「1」つらいことを、「10」つらいと認識したりするなど、物事をより深刻に、よりつらいものとして受け止める傾向があります。

たとえば「自分はデブだから恋人もできない」と思っている人がいたとします。たしかに「デブ」は事実かもしれません。しかし、それを気にして積極的になれない人がいる一方で、何も気にせず楽しく生きている人もます。なかには「ぽっちゃり系アイドル」などと自分のウリにさえしている人もいます。

つまり事実そのものは単なる事実にすぎず、それを悩みにするか、ただの出来事にするか、肥やしにするかは、それをどう捉えるかの問題です。であれば、捉え方を変えることで、感じ方も変わります。

「自分はデブだ。でもデブでも恋人がいる人は多い。力士だって多くは結婚しているから、異性は外見だけで相手を選ぶわけではないということ。なら男（女）としての魅力を磨けばいい」と前向きな発想につながるかもしれません。

リストラされたら、多くの人は落ち込んで悩みます。しかしそうやって自分を悩ませるのは、「リストラされた人間には価値がない」と思い込んでいる自分の心です。「自分は必要とされない人間なんだ」と感じるその捉え方です。だから。その思い込みや捉え方を変えるのです。

「リストラされたのはこの会社に合わなかっただけで、自分に価値がないわけではない。会社は全国に400万社もあるから、合わない会社だってある。逆にそんなにたくさんあるのだから、自分の価値を発揮できる会社もあるはずだ」

そんなふうに、**自分の勝手な価値観で勝手に悩むのではなく、捉え方を変えて前向きに進むための根拠にしていくこと**です。

これは高度に内省的な作業ですが、この習慣を自分のものにできれば、あらゆる出来事に対して自分の感情を制御することができ、冷静な対処ができるようになります。それは感情的にも安定した人生につながります。

「いい人」から「本当の大人」になるために考えたいこと――おわりに

◉「大人になる」とは我慢することではない

世の中には抗《あらが》いにくい言葉があります。

たとえば「大人になる」というフレーズ。一般的には、「社会規範を身につけて、環境に適合していく」という意味合いで使われる言葉です。

家庭でも学校でも、「こうしなさい」「こうしてはダメ」というしつけや教育を受け、スムーズに他人と関わりながら社会に適合していく術《すべ》を学びます。

しかし、成人してから言われる「もっと大人になれよ」というセリフは、私たちになんらかの我慢を強い、周りに合わせようと圧力をかける場面でよく使われます。

たしかに「もっと大人になれよ」と言われると、そうかなと一瞬感じてしまいます。その言葉に反論すると、ひどく自分が幼く、ダダをこねている子どものように感じてしまいます。

そのため、「大人になれ」という言葉は、多くの人が抗えない言葉のひとつだと言えます。ほかにも「不謹慎だ」「倫理上、問題がある」「道徳的でない」「けしからん」「いかがなものか」といった言葉にも、同様のパワーがあります。

しかし、こうした正論らしき言葉を鵜呑《うの》みにして自分の行動や発想を躊躇《ちゅうちょ》すると、豊かになるはずの人生が、よけい窮屈《きゅうくつ》になりかねません。

本当に成熟した大人とは、簡単に自分を他人に預けて周囲に迎合するような人間ではありません。

私が考える「大人」とは、**自分や社会を縛っている根拠のない常識やルールを疑い、物事の本質を追求し、自分の意志で生きる人間**です。しがらみから自らを解放し、自分を表現しながら生きる人間です。

そもそも、自分の生き方、自分の主義主張に自信があれば、他人の目を過剰に気にすることはないはずです。それは自分の考え方に固執するということでもなければ、他人に強要することでもなく、「そういう考え方もある」と受け入れることです。それは、受容、許容の精神であり、「他人は他人、自分は自分」という違いを認め、その違いを尊重できるということでもあります。

そして「好きなものは好き、嫌いなものは嫌い」などの感情を素直に受け止め、それを冷静に認識して、自分にとってより合理的な行動に変換していくことでもあります。

もうひとつ、もし悩んだり、壁にぶつかったりしたときには、「それは自分が成長するために天から降ってきたチャンス」と前向きに捉えることです。

そもそも悩むのは、自分が真剣だからこそです。自分の生き方や能力に興味も関心もなければ、悩むことなどないでしょう。スポーツでも仕事でも、悩むのは本気だからこそ。

同様に、**問題とは、解決されるべき人に、解決されるべきときに降りてくるもの**です。その人自身にとうてい解決できないような問題は、問題だとさえ認識されないのですから。

◉変えられることと変えられないこと

そして、自分の力で変えられることと変えられないことを識別する「冷静さ」、変えられることを変えようとする「勇気」、変えられないことは受け入れて対応する「度量」を持つことです。

たとえば人間関係で精神的にしんどい職場で働いていたとします。毎朝、出社前がブルー。帰宅したら心身ともに疲弊しきって何もやる気が起きない……。

こうした状態から逃れるため、その会社を辞めて転職することは、誰にでも与えられた自由です。つまり、変えられることです。ただしそれには、ちょっとした勇気が必要であり、面倒くさいと思う自分との闘いでもあります。

そんな自分を乗り越えられれば、自分の居場所を実感できる職場、毎朝やる気で目覚め、帰宅したら心地よい疲労感や達成感が持てる環境に巡り合える可能性が高まります。


でも、もし「会社を変えられない（転職できない）」としたら、しんどくならないように自分の関わり方を変えることです。

同じ会社でも嬉々として働いている人がいるなら、それは自分が悪く感じているわけです。つまり、自分が「しんどい」と捉えるその発想を変え、「まあいいか」「そういう人もいるよね」と受け入れて流す柔軟さを取り入れる、といった具合です。

本書で紹介したものは、やや極端に振ったところもありますし、私の主観も入ったところもありますので、何が正しくて、何が間違っているということではありません。いやだと思っていた会社でいきなり抜擢されて出世したということもあれば、憧れの転職先で労災に遭って寝たきりになった、ということだって起こらないとは限らない。というふうに、それがどういう結果につながるか、死の床に就いたときでしかわからないからです。

それでも、自分なら何を変えられ、何を変えられないか。変えられないことがあるなら、それを前提に、どう受け止めれば自分は満足し、納得できるのか。自らの優先順位にしたがって、自分を苦しめている環境や自分の考え方を一つひとつ紐解き、自分の人生のハンドルを自分で握っている実感を持つことです。

あなたが思考し行動することの本当の目的は、他人がどうこうではなく、周りから称賛されるかどうかでもなく、**自分が「ああ、幸せだったなあ」と感じる人生をつくること**なのですから。

午堂登紀雄（ごどう　ときお）
1971年岡山県生まれ。中央大学経済学部卒。米国公認会計士。大学卒業後、東京都内の会計事務所を経て、大手流通企業にて店舗及びマーケティング部門に従事。世界的な戦略系経営コンサルティングファームであるアーサー・D・リトルで経営コンサルタントとして活躍。2006年、初の著書『33歳で資産3億円をつくった私の方法』（三笠書房）がベストセラーとなる。株式会社プレミアム・インベストメント&パートナーズを設立。現在は不動産投資コンサルティングを手がけるかたわら、資産運用やビジネススキルに関するセミナー、講演で活躍。『捨てるべき40の「悪い」習慣』『頭のいいお金の使い方』（ともに日本実業出版社）など著書多数。

「いい人《ひと》」をやめれば人生《じんせい》はうまくいく

2016年12月20日　初版発行
2023年2月20日　第16刷発行

著　者　午堂登紀雄
発行者　杉本淳一

発行所　株式会社日本実業出版社　東京都新宿区市谷本村町3－29 〒162－0845

編集部　☎03－3268－5651
営業部　☎03－3268－5161　振　替　00170－1－25349
https://www.njg.co.jp/

印刷／理想社　　製本／若林製本

この本の内容についてのお問合せは、書面かFAX（03－3268－0832）にてお願い致します。
落丁・乱丁本は、送料小社負担にて、お取り替え致します。

ISBN 978-4-534-05452-4　Printed in JAPAN